# 20 MINUTES DE LATIN PAR JOUR

Anne Chevalier-Henry

ellipses

ISBN 978-2-7298-84963

32, rue Bargue 75740 Paris cedex 15



www.editions-ellipses.fr

# TABLE DES MATIÈRES

# PRÉSENTATION DU MANUEL ET CONSEILS DE MÉTHODE

Chaque leçon s'articule en trois parties : grammaire et vocabulaire, exercices, et civilisation. En annexe, le lecteur trouvera des tableaux synthétiques, le lexique, et les corrigés des exercices, les cartes et la chronologie de l'histoire de Rome.

Le principe du livre est celui du travail en autonomie, aussi a-t-on veillé à une progression raisonnable sans toutefois s'attarder trop par des reprises et des répétitions. Cela rend doublement nécessaire l'apprentissage des leçons, déclinaisons, conjugaisons et vocabulaire, avant d'entreprendre les exercices que l'on doit s'efforcer de faire sans revenir à la page précédente qui doit être sue. Le vocabulaire est celui des exercices et de la version. Celle-ci est choisie en lien avec le point de civilisation développé, certains chapitres ont une version supplémentaire en annexe.

L'apprentissage d'une langue exige lenteur et patience. Pour bien assimiler, il ne faut pas aller trop vite, mais s'imprégner en répétant les exercices. Une leçon par semaine nous semble le bon rythme, ou pour reprendre l'adage latin en faveur à la Renaissance *Festina lente*, « Hâte-toi lentement ».

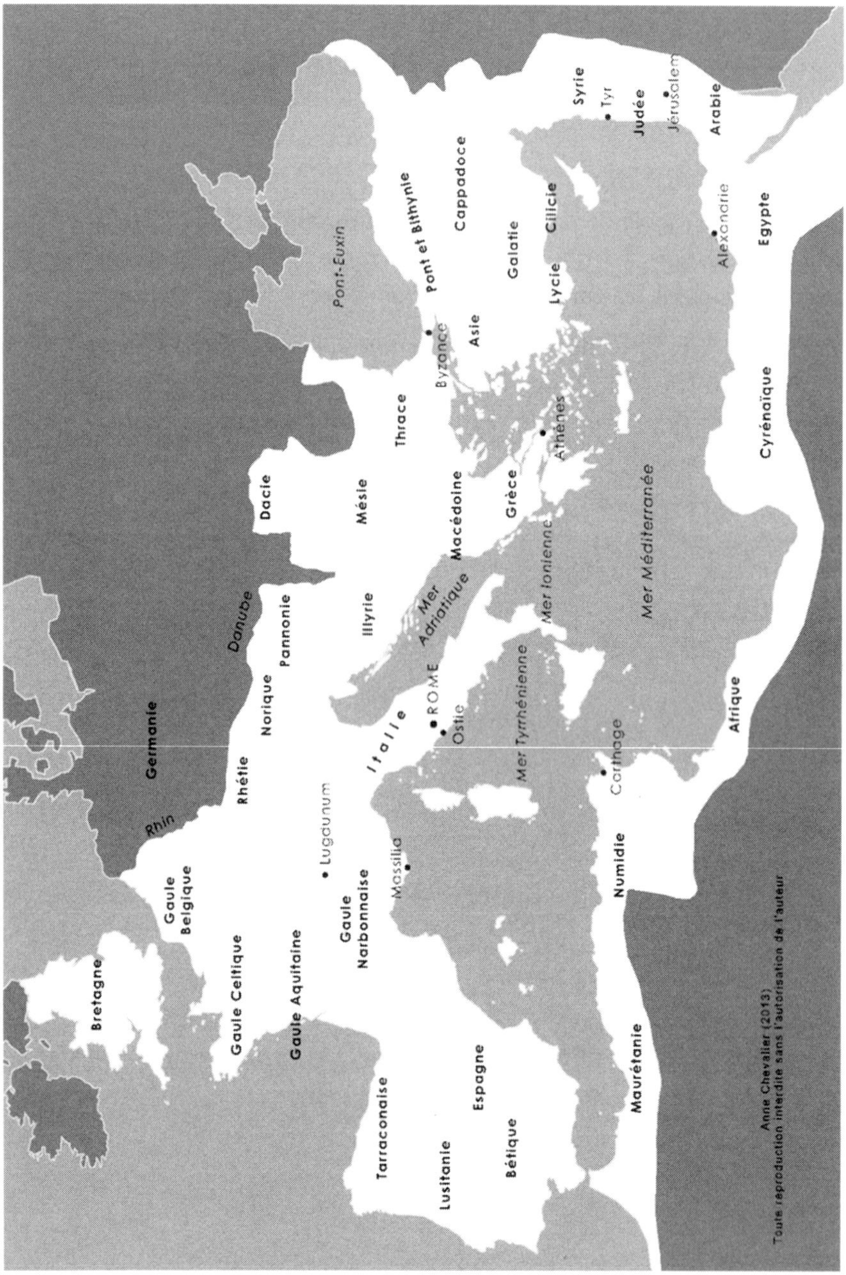


L'empire romain

# CARTES

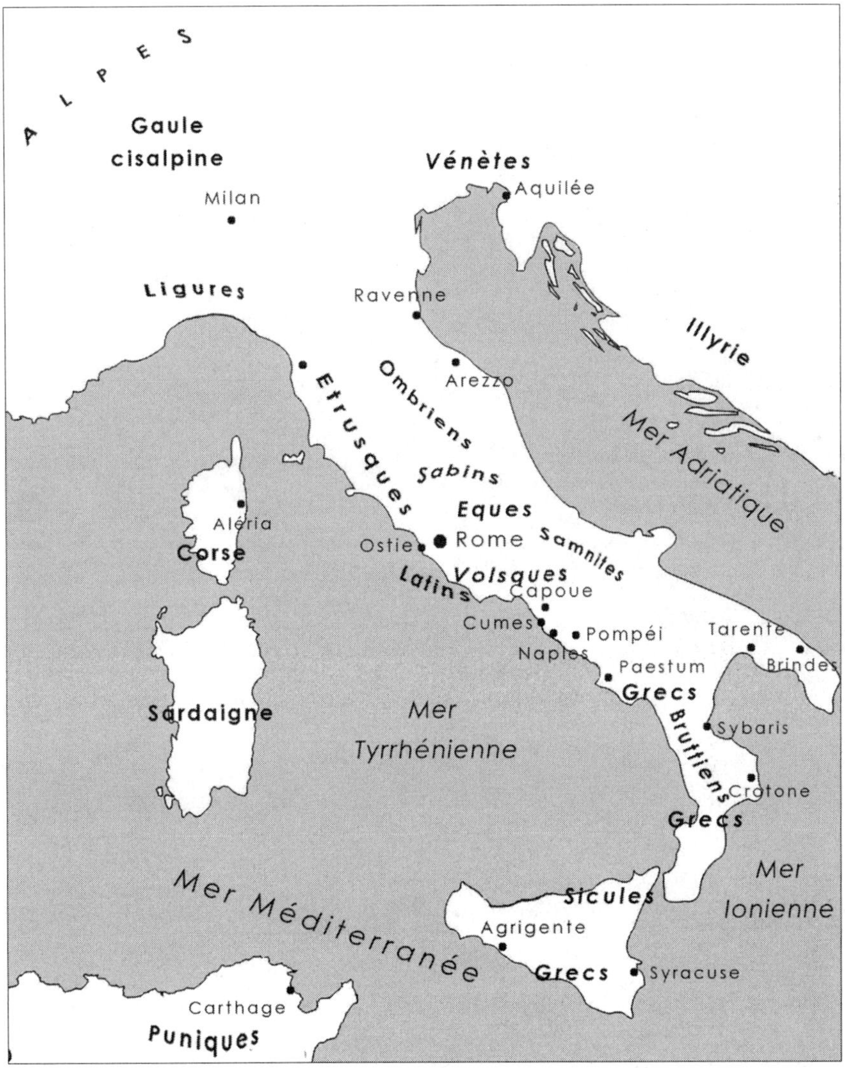


Carte de l'Italie

# CHRONOLOGIE

## 1. La Rome royale (753-509 av. J.-C.)

| | |
|---|---|
| **753 av. J.-C.** | Fondation supposée de Rome par Romulus |
| **753-509** | 7 rois de Rome : Romulus, Numa Pompilius, Tullus Hostilius, Ancus Martius, Tarquin l'Ancien, Servius Tullius, Tarquin le Superbe |

## 2. La République romaine (509-27 av. J.-C.)

| | | |
|---|---|---|
| **Conquête de l'Italie (509-272)** | Lutte avec les peuples voisins (509-350 av. J.-C.)<br>Conquête de l'Italie (350-272 av. J.-C.) | |
| **Conquête de la Méditerranée (264-112)** | Guerres puniques contre Carthage (264-146 av. J.-C.)<br>Conquête de la Sicile et de l'Afrique du Nord<br>Conquête du pourtour de la Méditerranée (146-112 av. J.-C.) | Plaute (251-184), auteur de comédies<br>Caton l'Ancien (234-149), homme politique, écrivain<br>Térence (v. 190-159), auteur de comédies |
| **Les guerres civiles (133-27 av. J.-C.)** | 133-53 : conflits entre les aristocrates et la plèbe<br>63-27 : rivalités pour le pouvoir<br>· *Pompée et César (de 63 à 44) :*<br>Conquête de la Gaule par César (58-52)<br>Défaite et mort de Pompée (48)<br>Assassinat de César (44)<br>· *Antoine et Octave (de 43 à 30)*<br>**Bataille d'Actium (31) et conquête de l'Égypte**<br>**27 :** Octave devient Auguste, premier empereur de Rome | Lucrèce (99-55), poète, philosophe<br>Catulle (v. 85-52), poète<br>Cicéron (106-43), orateur et homme politique, philosophe<br>César (101-44), homme politique, historien<br>Salluste (86-35), historien<br>Virgile (70-19), poète<br>Horace (65-8), poète<br>Ovide (43-17 apr. J.-C.), poète<br>Tite-Live (59-17 apr. J.-C.), historien |

## 3. *L'Empire romain (27 av. J.-C.–476 apr. J.-C.)*

<table>
<tr><td rowspan="4">Haut-Empire (27 av. J.-C.-192 apr. J.-C.)</td><td>Dynastie des Julio-Claudiens<br>Auguste<br>Tibère<br>Caligula<br>Claude<br>Néron</td><td>Phèdre (15-50), fabuliste<br>Sénèque (4-65), philosophe</td></tr>
<tr><td>Dynastie des Flaviens<br>Vespasien<br>Titus<br>Domitien</td><td>Pline l'Ancien (23-79), naturaliste<br>Martial (41-104), poète</td></tr>
<tr><td>Dynastie des Antonins<br>Nerva<br>Trajan<br>Hadrien<br>Antonin<br>Marc Aurèle<br>Commode</td><td>Pline le Jeune (63-114), (auteur de Lettres), écrivain<br>Tacite (v. 55-v. 120), historien<br>Juvénal (v. 55-v. 140), poète<br>Suétone (v. 70-v. 140), historien<br>Apulée (v. 125-170), romancier</td></tr>
<tr><td>Dynastie des Sévères<br>Septime Sévère<br>Caracalla<br>Elagabal<br>Alexandre Sévère</td><td rowspan="3">Tertullien (150 ?-222), auteur chrétien<br>St Augustin (354-430), évêque et auteur chrétien</td></tr>
<tr><td colspan="2">Période d'anarchie (235-270)<br>Début des invasions germaniques</td></tr>
<tr><td>Bas-Empire (193-476)</td><td>Aurélien (270-275)<br>Dioclétien (284-337)<br>Constantin (306-337)<br>Théodose le Grand (379-395) : l'Empire romain devient chrétien<br>et se partage entre Orient et Occident<br>410 : prise de Rome par Alaric, roi des Wisigoths<br>476 : chute de l'Empire romain d'Occident</td></tr>
</table>

18.07.14
6/07

Leçon 1

- ***L'alphabet latin***
- ***La prononciation et l'accent au temps de Cicéron***
- ***Le système des cas***
- ***Les 5 déclinaisons***

## 1. *L'alphabet latin*

L'alphabet latin dérive d'un alphabet grec de l'Italie méridionale et comprend 21 signes au temps de Cicéron :

A B C D E F G H I K L M N O P Q R S T V X

Seules existaient alors les lettres capitales. Le signe K ne se rencontrait alors que dans quelques mots ; le signe Q ne s'employait que dans le groupe QV qui ne comptait que pour une consonne. À partir d'Auguste, on utilisa pour la transcription des mots grecs deux autres signes d'origine grecque : Y et Z.

À la fin du Moyen Âge :

- on réserva le signe « I » pour le son *i-voyelle* ;
- on inventa le signe « J » pour le son *i-consonne* ;
- on réserva le signe « V » pour le son *ou-consonne* ;
- on inventa le signe « U » pour le son *ou-voyelle.*

## 2. *La prononciation et l'accent*

Il n'y a jamais de lettre muette. Différences avec le français :

| | | | | | |
|---|---|---|---|---|---|
| e | é (été) | *errare* | qu | kw (quoi) | *quidam* |
| u | ou (mou) | *murus* | gu | gw (iguane) | *lingua* |
| y | u (nu) | *hymnus* | gn | g-n (gnose) | *agnus* |
| j | y (yeux) | *jam* | tio | ti-o | *natio* na-ti-o |
| v | w (ouate) | *virgo* | ch | k (chœur) | *pulcher* |
| c | k (cas) | *cum* | x | kss (externe) | *ex* |
| g | g (gare) | *imago* | m | sans nasalisation | *idem* |
| s | sourde (danse) | *rosa* | n | sans nasalisation | *inter* |

Les diphtongues *au*, *eu*, *ae*, *oe* s'articulent en *aou*, *éou*, *aé*, *oé* : *poeta*

## 3. La quantité des voyelles

Une voyelle est soit brève, ***ă*** (bref), soit longue, ***ā*** (long) selon sa position ou par nature. Les diphtongues sont toujours longues.

## 4. L'accentuation : règles essentielles

La syllabe accentuée était prononcée sur une note plus aiguë.

- Dans les mots de deux syllabes, l'accent est sur la première : *R**o**ma*.
- Dans les mots de plus de deux syllabes, il est :
  - sur la pénultième si elle est longue : *co**ro**na* ;
  - sur l'antépénultième si la pénultième est brève : *ho**mi**nibus*
- Certains monosyllabes ne portent pas d'accent comme les prépositions et les conjonctions qui sont atones.

## 5. Le système des cas

Le latin exprime la fonction du nom (ou du pronom) et du groupe nom + adjectif par la **flexion**, c'est-à-dire le changement de forme du mot : c'est le **système des cas.**

| Il y a six cas | qui expriment |
|---|---|
| nominatif | le sujet et l'attribut du sujet |
| vocatif | l'apostrophe à une personne |
| accusatif | le complément d'objet et son attribut, le lieu où l'on va, la durée |
| génitif | le complément du nom |
| datif | le complément d'attribution |
| ablatif | les compléments circonstanciels avec ou sans préposition |

Nom → sujet + attribut
V → apostrophe
Acc → COD + attribut (+ lieu + Durée)
G → Comp du nom
D → Comp d'Attribution (prête qualité à qqn).
Abl → Comp circonstanciels.
↳ manière.

## 6. *Les cinq déclinaisons*

Les noms en latin se répartissent en cinq déclinaisons caractérisées par le génitif singulier.

| | 1re | 2e | 3e | 4e | 5e |
|---|---|---|---|---|---|
| nominatif | ***- a*** | ***-us, -er, -um*** | variable | ***- us, -u*** | ***-es*** |
| génitif | ***- ae*** | ***-i*** | ***-is*** | ***- us*** | ***-ei*** |

Pour obtenir le radical d'un nom, on enlève la terminaison du génitif singulier.

➥ Ex. : *homo*, l'homme, G. *hominis*, radical : *homin-*

# Exercices

## 1. *Lire à haute voix les proverbes suivants*

*Alea jacta est !* : « Le sort en est jeté » (paroles attribuées à César passant le Rubicon).

*Carpe diem* (Horace) : « Cueille le jour » (maxime épicurienne sur le temps qui passe).

*Cogito ergo sum* (Descartes) : « Je pense donc je suis. »

## 2. *Transcrire cette épitaphe en minuscules*

*VIATOR,*

*QVOD TV ES, EGO FVI ; QVOD NVNC SVM, ET TV ERIS.*

............................................................................................................

Voyageur,

Ce que tu es, moi je le fus ; ce que je suis maintenant, tu le seras aussi !

## 3. *Dans les citations suivantes, donner la fonction du mot souligné et donner le cas correspondant en latin*

« La ville était le domicile religieux qui recevait les dieux et les hommes de la cité » (Fustel de Coulanges, *La Cité antique*).

............................................................................................................

« Telle était la foi de l'univers en la justice latine que, dans les gorges de Thessalie ou sur les bords du Rhin, l'esclave près de succomber sous un poids inique s'écriait : "César !" » (Anatole France, *La Paix romaine*).

............................................................................................................

## 4. Dire à quelle déclinaison appartiennent les mots suivants

*puer*, *pueri*, l'enfant ........ 2
*res*, *rei*, la chose....... 5
*domus*, *domus*, la maison .......... 4
*civitas*, *civitatis*, la cité ...... 3
*facies*, *faciei*, la figure ......... 5
*uxor*, *uxoris*, l'épouse ....... 3
*agricola*, *agricolae*, le laboureur....... 1
*casus*, *casus*, le hasard, l'accident...... 4
*templum*, *templi*, le temple...... 2
*hortus*, *horti*, le jardin ...... 2

## 5. Donner le radical des noms suivants écrits au génitif

*aetatis*, l'âge ........... aetat
*generis*, le genre ............ gener
*juris*, le droit ............ jur
*montis*, la montagne ............. mont

Civilisation

## Le latin : de l'indo-européen aux langues romanes

Au cours du IIe siècle av. J.-C., des tribus nomades des steppes de l'est de l'Europe migrent vers le sud et l'ouest. Ces pasteurs nomades apportent leur culture : élevage du mouton, du porc, du bœuf et du cheval, métallurgie du bronze, religion, et une langue, l'indo-européen, qui est à l'origine des langues comme le latin, le grec ancien, le sanskrit (Inde), vieux perse, les langues germaniques scandinaves, slaves, baltes, celtiques.

Ex. de parenté linguistique

| latin | grec | sanskrit | allemand | anglais |
|---|---|---|---|---|
| *mater* | *mêter* | *matar* | *mutter* | *mother* |

La ***pax Romana*** (paix romaine) : au IIe siècle apr. J.-C., l'Empire romain est à l'apogée de son étendue (cf. carte), a conquis tout le bassin méditerranéen et le latin s'est imposé comme langue de l'Empire, transmis dans sa forme orale et populaire par les soldats, les marchands... Au cours du temps, il se modifie dans les différentes provinces au point de donner naissance aux langues romanes : français, occitan, espagnol, catalan, portugais, galicien, italien, sarde, romanche, roumain.

Ex. de parenté linguistique

| latin | français | portugais | espagnol | occitan | romanche | italien | roumain |
|---|---|---|---|---|---|---|---|
| *clavis* | *Clé clef* | *chave* | *llave* | *clau* | *clav* | *chiave* | *cheie* |

20.07.2014 7/07

**Leçon 2**

# ▪ La première déclinaison
# ▪ Le verbe sum
# ▪ Les emplois de sum

## I. La première déclinaison

Nominatif, ***-a*** génitif, ***-ae***

Noms féminins et certains masculins.

Type : *rosa*, *ae*, f. : la rose, une rose

*alba rosa* : la rose blanche

| | déclinaison | terminaison | avec un adjectif |
|---|---|---|---|
| **Sg nominatif** | *rosa* | *-a* | *alba rosa* |
| **vocatif** | *rosa* | *-a* | *alba rosa* |
| **accusatif** | *rosam* | *-am* | *albam rosam* |
| **génitif** | *rosae* | *-ae* | *albae rosae* |
| **datif** | *rosae* | *-ae* | *albae rosae* |
| **ablatif** | *rosa* | *-a* | *alba rosa* |
| **Pl nominatif** | *rosae* | *-ae* | *albae rosae* |
| **vocatif** | *rosae* | *-ae* | *albae rosae* |
| **accusatif** | *rosas* | *-as* | *albas rosas* |
| **génitif** | *rosarum* | *-arum* | *albarum rosarum* |
| **datif** | *rosis* | *-is* | *albis rosis* |
| **ablatif** | *rosis* | *-is* | *albis rosis* |

**Remarque** : les noms de la 1re déclinaison sont féminins, sauf certains noms d'hommes.
➥ Ex. : *agricola*, le paysan ; *incola*, l'habitant ; *poeta*, le poète ; *nauta*, le marin... et de cours d'eau : *Sequana*, la Seine, qui sont masculins.
*Paterfamilias*, *patrisfamilias*, le père de famille : ancien génitif en ***-as***.

**Remarque sur l'accord de l'adjectif**

L'adjectif qualificatif s'accorde en genre, en nombre, et **en cas** avec le nom auquel il se rapporte, qu'il soit épithète : *Albarum rosarum corona*, une couronne de roses blanches, ou attribut : *Rosae albae sunt*. Les roses sont blanches.

## 2. Sum à l'indicatif présent

Le verbe *sum* se présente ainsi :

| | | |
|---|---|---|
| *Sum* | *es* | *esse* |
| Je suis | tu es | être |
| 1re personne | 2e personne | infinitif |

| Indicatif présent | sens | Désinences | Infinitif |
|---|---|---|---|
| *sum*<br>*es*<br>*est*<br>*sumus*<br>*estis*<br>*sunt* | je suis<br>tu es<br>il est<br>nous sommes<br>vous êtes<br>ils sont | ***-m***<br>***-s***<br>***-t***<br>***-mus***<br>***-tis***<br>***-nt*** | *esse* |

## 3. Sens et emplois de sum

- Être, exister, traduit souvent par *il y a* (alors en tête de phrase) :
  ➥ *Sunt rosae in Cypro.* Il y a des roses à Chypre
- *Sum* + attribut, adjectif ou nom :
  ➥ *Horatius poeta est.* Horace est un poète.
- *Sum* + datif : appartenir à, avoir :
  ➥ *Deae sunt rosae.* La déesse a des roses.
- *Sum* + gén. + inf : c'est le propre de, le devoir de :
  ➥ *Poetae est fabulas scribere.* C'est le propre du poète d'écrire des fables.

## VOCABULAIRE

- *fama*, *ae*, f. : la réputation
- *bonus*, *a*, *um* : bon
- *magnus*, *a*, *um* : grand
- *sapientia*, *ae*, f. : la sagesse
- *fortuna*, *ae*, f. : le sort, le hasard, la chance, la fortune
- *patria*, *ae*, f. : la patrie
- *victoria*, *ae*, f. : la victoire
- *vita*, *ae*, f. : la vie
- *poeta*, *ae*, m. : le poète
- *fabula*, *ae*, f. : légende, histoire

- *et*, conj. : et
- *puella*, *ae*, f. : la jeune fille
- *dea*, *ae*, f. : la déesse
- *domina*, *ae*, f. la maîtresse
- *copia*, *ae*, f. : abondance ; richesse (pl.) troupe ; pouvoir (de faire qc)
- *epistula*, *ae*, f. : la lettre
- *albus*, *a*, *um* : blanc (mat)
- *scribere* : écrire
- *navigare* : naviguer
- *jucundus*, *a*, *um* : agréable
- *laetus*, *a*, *um* : joyeux
- *ancilla*, *ae*, f. : la servante
- *agricola*, *ae*, m. : le paysan
- *nauta*, *ae*, m. : le marin, le matelot
- *athleta*, *ae*, m. : l'athlète
- *incola*, *ae*, m. : l'habitant
- *terra*, *ae*, f. : la terre
- *colere* : cultiver, s'occuper de, honorer
- *victoriam ferre* : vaincre
- *amare* : aimer
- *Roma*, *ae*, f. : Rome
- *igitur* : donc
- *lacrima*, *ae*, f. : la larme
- *injuria*, *ae*, f. : injustice, mauvais traitement, tort

## EXERCICES

**1. *Dans les citations suivantes, donner la fonction du mot « rose » et le traduire en latin au cas voulu***

Et rose, elle a vécu ce que vivent les roses. (Malherbe)

.............................................................................................................

Cueillez dès aujourd'hui les roses de la vie. (Ronsard)

.............................................................................................................

J'aime la belle rose. (Ronsard)

.............................................................................................................

Dieu vous garde [...] / Belles roses. (Ronsard)

.............................................................................................................

[...] Il vous a quittés dans la saison des roses (V. Hugo)

.............................................................................................................

Et l'abeille donnait à la rose un baiser. (Lamartine)

.............................................................................................................

**2. *Traduire et décliner à l'oral les groupes nominaux***

*jucunda vita* (sg) ; *laeta puella* (pl.)

agréable vie   joyeuses jeune filles

**3. *Sur le modèle* Poetae est fabulas scribere, *traduire***

C'est le propre du paysan de cultiver la terre

Agricolae est terram colere

C'est le propre du marin de naviguer

Nautae est navigare

C'est le propre de l'athlète de vaincre

Athletae est victoriam ferre vicere

C'est le propre des jeunes filles d'honorer les déesses

Puellarum est deas colere

Puellarum est

**4. *Sur le modèle* Deae sunt rosae, *écrire***

Les jeunes filles ont des roses

Puellis sunt rosae

Les servantes de la bonne jeune fille ont une vie agréable

Ancillis bonae puellae est jucunda vita

L'athlète a une bonne réputation

Athletae est bona fama

**5. *Traduire les Maximes de Publius Syrius***

Vitam regit fortuna, non sapientia.

La vie est réglée par la fortune, non par la sagesse

Famam curant multi.

Beaucoup se souvient de la réputation

**Aide à la traduction**

*regit* : dirige ; *curant* : se soucient de, soignent ; *multi* : beaucoup (sujet du verbe)

**Civilisation**

## Une fondation légendaire

À l'origine de l'histoire de Rome, il y a une figure épique et légendaire, celle d'Enée, héros de la guerre de Troie, fils d'Anchise et d'Aphrodite/Vénus. Virgile a chanté ses exploits dans *L'Enéide* : *Arma virumque cano*... « Je chante les combats et ce héros qui, le premier, des rivages de Troie, s'en vint en Italie... » (I, v. 1).

Après la ruine de Troie, Enée est appelé par les dieux à quitter le rivage d'Ilion pour fonder ailleurs une nouvelle Troie. Le voyage est plein de périls mais Jupiter promet à Vénus de protéger Enée : « Tu verras cette ville et les murs de Lavinium qui t'ont été promis... ». Enée fonde Lavinium dans le Latium, Iule, son fils, lui succède et fonde Albe-la-longue où les descendants d'Enée règnent pendant trois cents ans. Seconde origine divine des Romains : Rhéa Silvia, fille du roi d'Albe Numitor et vestale, a du dieu Mars deux jumeaux, Romulus et Rémus, et, selon la promesse de Jupiter « Romulus, tout joyeux de porter la fauve dépouille d'une louve, sa nourrice, recevra le sceptre, et bâtira les remparts de Mavors[1], et donnera son nom aux Romains » (*Enéide*, I). Abandonnés sur le Tibre sur ordre d'Amulius, usurpateur du trône, Romulus et Rémus, auraient été trouvés dans la grotte du Lupercale au pied du Palatin, et recueillis par une louve, ou, selon une autre tradition, par la femme du berger Faustulus, une prostituée que les bergers appelaient *Lupa*.

Romulus et Rémus décident de fonder une ville, là où ils ont été recueillis. Qui donnera son nom et, par là, ses lois à la ville ? Ils s'en remettent aux augures et au vol des oiseaux. Romulus en voit douze, Rémus six seulement. Dispute, provocation de Rémus traversant le *pomoerium* : Romulus le tue. En tout cas, la ville est fondée le 21 avril 753. av. J.-C.

Ainsi commence l'histoire de Rome et de « cet empire, le plus puissant après celui des dieux » (Tite-Live), par une querelle fratricide. Elle est placée sous le signe de Mars, le guerrier, dieu de la jeunesse et du printemps, et qui a le loup comme animal sacré. Aussi les Romains seront-ils les « fils de la louve ».

1. Mavors = Mars.

9/07

Leçon 3

# Les modèles de conjugaison + eo, fero au présent de l'indicatif
# La construction des verbes

## 1. Les modèles de conjugaison

Un verbe latin se caractérise par cinq temps primitifs qui permettent d'identifier sa conjugaison et de le conjuguer ; il se présente ainsi dans le dictionnaire :

***Amo, (as), are, avi, atum*** : aimer

Les temps primitifs sont :

| 1re pers. présent | 2e pers. présent | Infinitif présent | Parfait | Supin |
|---|---|---|---|---|
| *amo* | *amas* | *amare* | *amavi* | *amatum* |
| j'aime | tu aimes | aimer | j'ai aimé, j'aimai, j'eus aimé | « aimé » |

Avec les trois premières formes on identifie à quelle conjugaison appartient un verbe.

Il y a quatre conjugaisons :

| Conj. | Verbes en | Temps primitifs | Thème du présent | Thème du parfait |
|---|---|---|---|---|
| **1re** | *-o, -as, -are* | *amo, as, are, amavi, amatum*<br>aimer | *ama-* | *amav-* |
| **2e** | *-eo, -es, -ere* | *moneo, es, ere, monui, monitum*<br>avertir | *mone-* | *monu-* |
| **3e** | *-o, -is, -ere* | *mitto, is, ere, misi, missum*<br>*envoyer* | *mitto- / mitte-* | *mis-* |
| **3e mixte** | *-io, -is, -ere* | *capio, is, ere, cepi, captum*<br>prendre | *capi-* | *cep-* |
| **4e** | *-io, -is, -ire* | *audio, is, ire, audivi, auditum*<br>entendre | *audi-* | *audiv-* |

A la 3e et 4e conj. des voyelles de liaison –e-, -i-, -u-, s'intercalent parfois.

## 2. *Le présent de l'indicatif*

| 1 | 2 | 3 | 3 | 4 |
|---|---|---|---|---|
| *amo* | *moneo* | *mitto* | *capio* | *audio* |
| *amas* | *mones* | *mittis* | *capis* | *audis* |
| *amat* | *monet* | *mittit* | *capit* | *audit* |
| *amamus* | *monemus* | *mittimus* | *capimus* | *audimus* |
| *amatis* | *monetis* | *mittitis* | *capitis* | *auditis* |
| *amant* | *monent* | *mittunt* | *capiunt* | *audiunt* |

Deux verbes irréguliers très courants :

- **fero**, **fers**, **ferre**, **tuli**, **latum** : porter - ***eo, is, ire ivi / ii, itum*** : aller

| | |
|---|---|
| *fero*, je porte | *fero, fers, fert, ferimus, fertis, ferunt* |
| *eo*, je vais | *eo, is, it, imus, itis, eunt* |

## 3. *La construction des verbes*

Le complément d'objet d'un verbe transitif est à l'accusatif. *Laudare dominam*, louer la maîtresse. Certains verbes ont un double complément : *deae rosam dare*, donner une rose à la déesse. Certains verbes ont leur cpl. à un autre cas, datif, génitif, ou ablatif : D. *dominae invidere*, jalouser la maîtresse. Abl. *victoria gaudere*, se réjouir de la victoire.

## Vocabulaire

- *ambulo, as, are, avi, atum* : se promener
- *cogito, as, are, avi, atum* : penser
- *colo, is, ere, colui, cultum* : cultiver, s'occuper de, pratiquer, honorer
- *curo, as, are, avi, atum* : soigner
- *delecto, as, are, avi, atum* : charmer, plaire à
- *do, das, dare, dedi, datum* : donner
- *litterae, arum*, f. : lettre
- *aut* : ou bien
- *in* + abl. : dans
- *ergo* : donc
- *rideo, es, ere, risi, risum* : rire
- *moveo, es, ere, movi, motum* : mettre en mouvement, émouvoir
- *timeo, es, ere, ui,-* : craindre
- *dico, is, ere, dixi, dictum* : dire
- *facio, is, ere, feci, factum* : faire
- *laudo, as, are, avi, atum* : louer
- *rego, is, ere, rexi, rectum* diriger
- *scribo, is, ere, scripsi, scriptum* : écrire
- *venio, is, ire, veni, ventum* : venir

- *video, es, ere, vidi, visum* : voir
- *invideo, es, ere, vidi, visum* + D. : envier qn
- *vinco, is, ere, vici, victum* : vaincre
- *filius, i* (voc. *fili*), m. : fils
- *filia, ae*, f. : fille
- *vivo, is, ere, vixi, victum* : vivre
- *voco, as, are, avi, atum* : appeler
- *gaudeo, es, ere* + Abl. : se réjouir de
- *reprehendo, is, ere, di, sum* : retenir, blâmer

## Exercices

### 1. Conjuguer

do ... des dat damus datis dant ...

video ... vides videt vidēmus videtis vident ...

colo ... colis colit colimus colitis coliunt ...

facio ... facis facit facimus facitis faciunt ...

audio ... audis audit audimus auditis audiunt ...

### 2. Transposer les formes verbales à la même personne du pluriel ou du singulier

das ... datis ...

ambulant ... ambulat ...

colis ... colitis ...

timemus ... timeo ...

veniunt ... venit ...

sunt ... est ...

rides ... ridetis ...

vocat ... vocant ...

vinciunt ... vincit ...

### 3. Traduire

Tu honores la déesse.

... Deam colis ...

Nous écrivons une lettre.

... epistulam scribimus ...

Les servantes prennent soin des jeunes filles.

... ancillae puellas curant ...

Le fils et la fille de la maîtresse louent le poète.

dominae filius et filia laudant poetam

Vous vous promenez dans Rome. (*Romae*)

Romae ambulatis

La fortune donne la victoire à Rome (D.)

Fortuna victoriam Romae dat

Les servantes envient la maîtresse

Ancillae dominae invident

## 4. *Maximes et proverbes à traduire*

Bis vincit qui se vincit in victoria. (Publius Syrus)

Vainc 2x celui qui se vainc lui m

Qui scribit bis legit.

Qui écrit lit 2x

Bis dat qui cito dat.

celui qui donne 2x donne vite

Cogito, ergo sum. (Descartes)

Je pense donc je suis

**Aide à la traduction**

*bis* : deux fois ; *qui* : qui, celui qui ; *cito* : vite.

**Civilisation**

## L'Âge d'or et le rêve rustique de Virgile

« Qu'on vivait donc heureux sous le règne de Saturne, avant que la terre s'ouvrît aux longues routes ! » (Tibulle, *Elégies*, I, III)

Bien des siècles après la fondation de *l'Urbs*, Rome connaît des troubles politiques qui conduisent les poètes à reprendre le vieux mythe grec de l'Âge d'or, temps du règne de Saturne (Cronos), époque du premier âge de l'humanité où l'homme vit en harmonie avec la nature, sans la peine du travail, ni la crainte de la mort.

Sous Auguste, ce rêve de l'Âge d'or signifie la nostalgie des premiers temps de l'histoire de Rome, idéalisés comme une époque de simplicité et de vertu.

Dans la poésie de Virgile, il s'accompagne d'un rêve rustique, lisible dans la double inspiration des *Bucoliques* et des *Géorgiques*. Le premier recueil met en scène des bergers chantant l'amour dans une douce campagne, celle de Mantoue où est né le poète. Le second est une sorte de traité d'agriculture en vers, où le réalisme croise aussi les mythes et l'inspiration lyrique.

« Reste encor cette nuit. Dors là tout près de moi
Sur ce feuillage frais. Nous aurons de bons fruits,
Fromage en abondance et de tendres châtaignes.
Vois : au lointain déjà les toits des fermes fument
Et les ombres des monts grandissent jusqu'à nous. »

*Les Bucoliques*, *I*, Traduction de Paul Valéry

*O fortunatos nimium, sua si bona norint,*
*Agricolas ! quibus ipsa, procul discordibus armis,*
*Fundit humo facilem victum justissima tellus !*
« Heureux l'homme des champs, s'il connaît son bonheur !
Fidèle à ses besoins, à ses travaux docile,
La terre lui fournit un aliment facile. »

Virgile *Géorgiques* II, v. 458-460, traduction Jacques Delille

10/07

LEÇON 4

# ▪ La deuxième déclinaison
# ▪ Les adjectifs de la première classe

## 1. La deuxième déclinaison

Il y a quatre types dans la deuxième déclinaison

- *Dominus*, *i*, m. : les noms masculins en -***us***
- *puer*, *i*, m. : les noms masculins en -***er***, -***eri***
- *ager*, *agri*, m. : les noms masculins en -***er***, **–*ri***
- *templum*, *i*, n. : les noms neutres en -***um***

| | **Sg.** | **Pl.** | **Sg.** | **Pl.** |
|---|---|---|---|---|
| **N** | *Dominus* (le maître) de la maison | *Domini* | *Deus (le dieu)* | *Dei, dii, di* |
| **V** | *Domine* | *Domini* | >< | *Dei, dii, di* |
| **Acc** | *Dominum* | *Dominos* | *deum* | *Deos* |
| **G** | *Domini* | *Dominorum* | *dei* | *Deorum, deum* |
| **D** | *Domino* | *Dominis* | *deo* | *Deis, diis, dis* |
| **Abl** | *Domino* | *Dominis* | *deo* | *Deis, diis, dis* |

**N.B. : le mot *deus* n'a pas de vocatif singulier : on invoquait un dieu par son nom propre**

| | **Noms masculins en *er*, *eri*** | **Noms masculins en *er*, *ri*** | **Déclinaison spéciale** |
|---|---|---|---|
| **Sg. N** | *puer* (l'enfant) | *ager* (le champ) | *vir* (l'homme) |
| **V** | *puer* | *ager* | *vir* |
| **Acc** | *puerum* | *agrum* | *virum* |
| **G** | *pueri* | *agri* | *viri* |
| **D** | *puero* | *agro* | *viro* |
| **Abl** | *puero* | *agro* | *viro* |
| **Pl. N** | *pueri* | *agri* | *viri* |
| **V** | *pueri* | *agri* | *viri* |
| **Acc** | *pueros* | *agros* | *viros* |
| **G** | *puerorum* | *agrorum* | *virorum* |
| **D** | *pueris* | *agris* | *viris* |
| **Abl** | *pueris* | *agris* | *viris* |

**Certains noms n'existent qu'au pluriel**

Ex. : *Athenae*, *arum*, f. : Athènes – *liberi*, *orum*, m. : les enfants (par opposition aux parents) – *castra*, *orum*, n. : le camp

| | **Noms neutres en *um*, *i*** | |
|---|---|---|
| **N** | templum | templa |
| **V** | templum | templa |
| **Acc** | templum | templa |
| **G** | templi | templorum |
| **D** | templo | templis |
| **Abl** | templo | templis |

## 2. *Les adjectifs de la Ire classe*

Selon le genre du nom complété, ils se déclinent comme *dominus*, *rosa*, *templum*.

| **Sg.** | **Masculin** | **féminin** | **neutre** |
|---|---|---|---|
| **N** | *bonus*, bon | *bona* | *bonum* |
| **V** | *bone* | *bona* | *bonum* |
| **Acc** | *bonum* | *bonam* | *bonum* |
| **G** | *boni* | *bonae* | *boni* |
| **D** | *bono* | *bonae* | *bono* |
| **Abl** | *bono* | *bona* | *bono* |
| **N** | *boni* | *bonae* | *bona* |
| **V** | *boni* | *bonae* | *bona* |
| **Acc** | *bonos* | *bonas* | *bona* |
| **G** | *bonorum* | *bonarum* | *bonorum* |
| **D** | *bonis* | *bonis* | *bonis* |
| **Abl** | *bonis* | *bonis* | *bonis* |

Les adjectifs qui se terminent en ***-er*** se déclinent soit

- comme *puer*, *pueri* : *miser*, *misera*, *miserum*, malheureux
- ou comme *ager*, *agri* : *pulcher*, *pulchra*, *pulchrum*, beau, noble

## 3. *L'emploi et l'accord de l'adjectif*

L'adjectif qualificatif s'accorde en genre, en nombre, et en cas avec le nom auquel il se rapporte.

| **Attribut** | **Épithète** |
|---|---|
| *Dominus bonus est* | *Bonorum dominorum vita* |
| Le maître est bon | La vie des bons maîtres |

**Remarque**

Employés seuls, les adjectifs ont valeur de noms. Au masculin, ils désignent des personnes, au neutre, des choses.
*Bonus* : un homme bon, un homme de bien
*Bonum* : un bien, le bien
*Boni* : les gens de bien
*Bona* : les biens

**Remarque**

**Les adjectifs désignant des peuples prennent la majuscule :** *Populus Romanus*

## Vocabulaire

- *vir, viri*, m. : l'homme
- *vir bonus* : l'homme de bien
- *optimus, a, um* : très bon
- *maximus, a, um* : très grand
- *tamen* : pourtant
- *reddo, is, ere, reddidi, redditum* : rendre
- *antiquus, a, um* : ancien, antique
- *bellum, i*, n. : la guerre
- *bellum gerere* : faire la guerre
- *scio, is, ire, scivi, scitum* : savoir
- *nescio, is, ire...* : ne pas savoir
- *valeo, es, ere, ui, itum* : être fort, se porter bien
- *sapio, is, ere, ii,-* : savoir
- *recte*, adv. : bien

## Exercices

**1. *Décliner les groupes nominaux : au sg : bonus dominus, miser vir, au pl. laetus puer, antiquum templum***

bone domine, bonum dominum, boni domini, bono domino, bonadomino / miser vir, miserum virum, miseri viri, misero viro, misero viro / laeti pueri, laeti puer, laetos pueros, laetum puerum, laetis pueris, laetis pueris / antiqua templa, antiqua templa, antiqua templa, antiquum templum, antiquis templis, antiquis templis

## 2. *Lire le texte suivant et sa traduction, donner le cas des mots soulignés et les décliner (patria au sg., victoria au pl.). Identifier les adjectifs et donner leur fonction.*

Confugimus in Capitolium ad deos, ad sedem Jovis optimi maximi [...] Deorum cultum deserti ab dis hominibusque tamen non intermittimus. Reddunt igitur patriam et victoriam et antiquum belli decus amissum.

D'après Tite-Live, V, 51, 9 « Discours de Camille ».

*Nous nous sommes réfugiés au Capitole, auprès des dieux, dans le séjour de Jupiter, très bon, très grand [...] Le culte des dieux, malgré l'abandon des dieux et des hommes, n'a pas été interrompu par nous. En récompense ils nous rendent la patrie, la victoire, et cette antique gloire de nos armes que nous avions perdue.*

**Vocabulaire**

*sedes, is*, f. : siège, séjour ; *Capitolium, ii*, n. : Le Capitole ; *Jupiter, Jovis* : Jupiter ; *cultus, us* : culte ; *desertus, a, um* : abandonné ; *homo, hominis*, m. : l'homme ; *amissus, a, um* : perdu. *decus, oris*, n. : tout ce qui convient, honneur, gloire

## 3. *Les maximes à traduire (Publius Syrus)*

Viri boni est nescire facere injuriam.

Recte valere et sapere duo vitae bona sunt (*duo*, deux)

**CIVILISATION**

## LA RELIGION DOMESTIQUE

« Les antiques laboureurs, robustes et heureux de peu, [...] consacraient un porc à la Terre, du lait à Silvanus, et des fleurs et du vin au Génie domestique qui sait que la vie est brève. »

Horace, *Épîtres*, II, 1 v. 139- 143-144

*Di patrii Indigetes, et Romule, Vestaque mater,*
*Quae Tuscum Tiberim et Romana palatia servas...*
Ô dieux de nos pères, dieux indigètes, Romulus, et Vesta, notre mère
qui protège le Tibre étrusque et les palais romains...

Virgile, *Géorgiques* I, 498-499

Les Romains se disaient « les plus pieux des mortels » et le témoignage des poètes montre l'importance de la religion à Rome.

La pratique religieuse commence dans la **domus** (maison) par le culte des dieux **Lares** qui protègent les champs et la maison et des **Pénates** qui veillent sur le garde-manger, protègent la maisonnée à laquelle ils sont attachés : « Je me lance, exilé, sur la mer, avec mes compagnons, mon fils et les grands dieux Pénates », dit Enée. Un autel est consacré aux Lares et aux Pénates dans l'atrium et le **paterfamilias** accomplit les rituels, tels que les décrit Tibulle : « On l'apaisait, soit en lui offrant une grappe de raisin, soit en ceignant d'une couronne d'épis sa chevelure sacrée, et celui dont le vœu avait été exaucé lui apportait lui-même des gâteaux, accompagné de sa petite fille qui tenait derrière lui un pur rayon de miel » (*Élégies*, I, X). L'attribut des Lares est la corne d'abondance.

**Présentation des dieux Lares**

Dans le laraire, on voue aussi un culte au Génie, ***Genius***, attaché à chaque être, sorte de principe de vie. Et on rend un culte aux Manes, les âmes des morts, pour qu'elles soient favorables aux vivants.

CURIOSITÉ

*Transporter ses pénates* : c'est le geste d'Enée décrit par Virgile, emmenant avec lui les divinités protectrices du foyer. Cela signifie partir et s'installer ailleurs

12/07

LEÇON 5

# ■ Les prépositions
# ■ Les composés de sum

## 1. Les principales prépositions suivies de l'accusatif

- *ante* : avant, devant
- *post* : après, derrière
- *inter* : entre, parmi
- *propter* : à cause de
- *per* : à travers
- *adversus* : contre

Dans les circonstances de lieu, le latin distingue le lieu où l'on est et le lieu où l'on va :

- *ubi ?* où ? *ubi es ?* où es-tu ?
- *quo ?* où ? *quo is ?* où vas-tu ?
- *apud* : chez qn
- *ad* : auprès de qn, en direction de qc
- *prope* : près de qc
- *in* : dans, en, sur

## 2. Les principales prépositions suivies de l'ablatif

- *cum* : avec (accompagnement)
- *sine* : sans
- *pro* : devant, à la place de, pour, selon
- *a* /*ab* : loin de
- *e* /*ex* : hors de
- *de* : du haut de, au sujet de
- *in* : (question *ubi* ?) dans, en, sur

N.B. : On emploie toujours *ab* et *ex* devant une voyelle et *a* et *e* devant une consonne

## 3. *L'ordre des mots dans la phrase latine*

Le verbe est souvent à la fin de la phrase.

➥ *Dominus rosam carpit* Le maître cueille la rose

Si le verbe a plusieurs compléments, l'ordre est le suivant :

➥ 1. cpl. circ. 2. cpl. attribution / cpl. agent 3. cpl. objet / attribut 4. verbe

L'adjectif épithète est souvent devant le nom (sauf l'adjectif de couleur) :

➥ *Bonus dominus.*

Mais avec les mots courts : ➥ *Vir bonus*

Le complément du nom au génitif précède souvent le nom complété.

➥ *Bonorum dominorum vita* La vie des bons maîtres

## 4. *Les compléments de l'adjectif*

L'adjectif peut se construire avec un complément :

- *dignus* + abl. : digne de
- *alienus* + abl. : étranger à
- *necessarius* + D. : nécessaire à
- *pronus ad* : enclin à

➥ *Vir gente sua dignus*, un homme digne de sa famille

## 5. *Les composés de sum*

Ils sont formés du verbe *sum* précédé d'un préfixe et se construisent de la manière suivante :

- *absum, abes, abesse, afui* : je suis absent, je suis loin de + (*a* / *ab* + abl)
- *adsum, ades, adesse, adfui* : je suis présent, je suis près de, j'assiste à, j'aide
- *desum, dees, deesse, defui* : je manque à, je fais défaut à
- *obsum, obes, obesse, obfui* : je fais obstacle à
- *praesum, praees, praeesse, praefui* : je commande à, je préside à
- *supersum, superes, superesse, superfui* : je survis à, je subsiste
- *prosum, prodes, prodesse, profui* : je suis utile à

(de *adsum* à *prosum* : + D)

- *possum, potes, posse, potui* : je peux + INF

| *desum* | *prosum* | *possum* |
|---|---|---|
| *desum*, je manque | *prosum*, je suis utile | *possum*, je peux |
| *dees* | *prodes* | *potes* |
| *deest* | *prodest* | *potest* |
| *desumus* | *prosumus* | *possumus* |
| *deestis* | *prodestis* | *potestis* |
| *desunt* | *prosunt* | *possunt* |

## Vocabulaire

- *exeo, is, ire* : sortir
- *carpo, is, ere, carpsi, carptum* : cueillir
- *improbus, a, um* : mauvais, méchant
- *amicus, i*, m. : ami
- *villa, ae* : la ferme
- *hortus, i*, m : le jardin
- *forum, i*, n. : le forum, la place publique
- *quod* : parce que
- *non* : ne ... pas
- *propinquus, a, um* : proche
- *publicus, a, um* : public
- *Etruscus, a, um* : étrusque
- *Romanus, a, um* : romain
- *populus, i*, m. : peuple
- *pugno, as, are, avi, atum* : combattre
- *clarus, a, um* : célèbre
- *vicinus, a, um* : voisin

## Exercices

### I. Traduire

Dominus cum liberis in foro Romano ambulat.

Horatius Cocles adversus Etruscum populum pugnat et Etruscis obest.

Horatii fama magna est quod pro patria pugnat.

Post bellum Horatius clarus est propter victoriam.

Puellae et ancillae apud dominam rosas carpunt

Poeta pulchram fabulam ad dominam scribit.

Populus Romanus ad bellum pronus est quod Romae vicini populi obsunt.

## 2. *Traduire*

praesumus nous présidons à
obest Il fait obstacle
absunt Ils sont absents
potes Tu peux
prodestis Vous êtes utile à
adest Il est présent
possunt Ils peuvent
superest Il survis

## 3. *Les maximes à traduire*

Exire magnus ex tugurio vir potest (Publius Syrus)
Un grand ô peut sortir d'une chaumière

Miser dici bonus vir, esse non potest (Publius Syrus)
Un ô de bien peut ê appelé malheureux mais il ne peut pas l'ô

Improbi bonis amici esse non possunt (Cicéron, *De Amicitia*)
Un ô mauvais ne peut ê un bon ami

**Aide à la traduction**

comprendre « *magnus vir* » ; *tugurium, ii*, n. : la chaumière ; *dici* : être appelé. comprendre « *Bonus vir miser dici potest, esse non potest.* »

**Civilisation**

## De la royauté à la République, élaboration d'une réflexion politique

Dans l'histoire de Rome se succèdent trois régimes : royauté, république, principat, fondés sur ces principes :

- la loi protège le citoyen et est supérieure au magistrat ;
- la liberté du citoyen, sa vie et ses biens sont protégés par le corps politique ;
- seul le peuple peut juger un citoyen quand il risque sa vie ou son droit de cité.

Grands organes de l'État : les magistrats, le peuple et ses assemblées, le Sénat.

La société romaine primitive est constituée des **patriciens**, ***patricii***, les membres des 100 premières familles, ***gentes***, (leur nombre croît au fil du temps) installées à Rome, qui constituent le ***populus***, l'ensemble des citoyens, et des **plébéiens**, la **plèbe**, ***plebs***, qui ne participe pas à la vie publique.

La royauté : 753-509 av. J.-C., sept rois, dont trois rois étrusques.

Le roi est le seul magistrat, il juge, et est chef de guerre.

Le **Sénat** est composé des anciens (***senes***) des grandes familles (***gentes***), il conseille le Roi qui est le magistrat. On appelle les sénateurs ***Patres***.

Les **Comices curiates**, c'est l'assemblée du peuple, ***populus***.

En **509**, la conjuration des patriciens menée par Junius Brutus renverse Tarquin le Superbe, roi étrusque, et instaure la République.

Les magistrats :

- deux consuls nommés pour un an remplacent le roi ;
- les préteurs organisent la justice ;
- les questeurs s'occupent des finances ;
- les censeurs : tous les cinq ans, ils font la liste des citoyens, du Sénat.

Les assemblées du peuple : les comices curiates sont peu à peu remplacés par les comices centuriates, fondés sur la répartition du peuple (*populus*) en cinq classes, selon la fortune et en centuries, divisions de l'armée : centuries de cavaliers, de fantassins...

En 494, se trouvant injustement traitée par les patriciens, la plèbe fait sécession et se retire sur le mont Sacré. Les patriciens lui accordent une assemblée, les comices tributes et des représentants, les tribuns de la plèbe.

La fable des membres et de l'estomac racontée par Ménénius Agrippa témoigne du nouvel équilibre politique à Rome.

« Un jour [...] les membres du corps humain, voyant que l'estomac restait oisif, séparèrent leur cause de la sienne, et lui refusèrent leur office. Mais cette conspiration les fit bientôt tomber eux-mêmes en langueur ; ils comprirent alors que l'estomac distribuait à chacun d'eux la nourriture qu'il avait reçue, et rentrèrent en grâce avec lui. Ainsi le sénat et le peuple, qui sont comme un seul corps, périssent par la désunion, et vivent pleins de force par la concorde »

D'après Aurélius Victor

▪ **Curiosités**

Quelques abréviations latines que l'on peut lire comme inscriptions sur les monuments :

SPQR : *Senatus Populusque Romanus*, le Sénat et le Peuple romain

PC : *Patres conscripti*, les Pères Conscrits (inscrits sur l'album du Sénat)

SC : *Senatus consultum*, décret du Sénat

QVIR : *Quirites*, citoyens romains

RESP : *Res publica*, la République

19/07



# La troisième déclinaison

## I. Radicaux en -i, noms parisyllabiques

À la troisième déclinaison, on distingue les parisyllabiques et les imparisyllabiques.

Un parisyllabique est un nom ou un adjectif qui a le même nombre de syllabes au génitif qu'au nominatif. Ex. *civis*, génitif, *civis* : le citoyen.

G. pl. -***ium*** ; N.V. acc. n. pl : -***ia***

| | **M. et F.**<br>***civis, is*, m. :** le citoyen | **N.**<br>***mare, is*, n. :** la mer |
|---|---|---|
| **N. sg.**<br>**V.**<br>**Acc.**<br>**G.**<br>**D.**<br>**Abl.** | *civis*<br>*civis*<br>*civem*<br>*civis*<br>*civi*<br>*cive* | *mare*<br>*mare*<br>*mare*<br>*maris*<br>*mari*<br>*mari* |
| **N. pl.**<br>**V.**<br>**Acc.**<br>**G.**<br>**D.**<br>**Abl** | *cives*<br>*cives*<br>*cives*<br>*civium*<br>*civibus*<br>*civibus* | *maria*<br>*maria*<br>*maria*<br>*marium*<br>*maribus*<br>*maribus* |

On décline sur *civis* les parisyllabiques en –***is*** et –***es*** et les faux imparisyllabiques (anciens parisyllabiques) : leur radical est terminé par deux consonnes avant la terminaison –***is*** : *urbs* (ancienne forme*urbis au N.), *urbis*, f. : la ville.

**Remarque : *Urbs*** écrit avec une majuscule désigne Rome. Ex. : *Ab Urbe condita*, titre de Tite-Live, « depuis la fondation de Rome »

On décline sur **mare** les noms neutres en **-e**, **-al**, **-ar**.

## Vocabulaire I

- *hostis, is* m. : l'ennemi (de guerre)
- *urbs, urbis*, f. : la ville
- *ignis, is*, m. : le feu
- *nox, noctis*, f. : la nuit
- *gens, gentis*, f. : race, famille, peuple
- *nubes, is* f. : le nuage

- *orbis, is* m. : cercle, disque
- *mens, mentis*, f. : l'esprit
- *fames, is*, f. : la faim
- *sitis, is*, f. : la soif
- *arx, arcis*, f. : la citadelle
- *animal, alis*, n. : l'animal.
- *mons, montis*, m. : la montagne
- *flumen, inis*, n. : le fleuve, rivière
- *finis, is* m. : limite, bornes, fin

## 2. Radicaux à consonne, noms imparisyllabiques

Un **imparisyllabique** est un nom ou un adjectif qui n'a pas le même nombre de syllabes au génitif qu'au nominatif.

➥ Ex. : *miles*, génitif, *militis* : le soldat.

G. pl. ***–um*** ; N. V. Acc. n. pl. ***–a***

| | **M. et F. *consul, is*, m. :** le consul | **N. *corpus, oris*, n. :** le corps | ***vis*, f. :** force violence |
|---|---|---|---|
| **N. Sg.** | *consul* | *corpus* | *vis* |
| **V.** | *consul* | *corpus* | |
| **Acc.** | *consulem* | *corpus* | *vim* |
| **G.** | *consulis* | *corporis* | |
| **D.** | *consuli* | *corpori* | |
| **Abl.** | *consule* | *corpore* | *vi* |
| **N. pl.** | *consules* | *corpora* | *vires* |
| **V.** | *consules* | *corpora* | *vires* |
| **Acc.** | *consules* | *corpora* | *vires* |
| **G.** | *consulum* | *corporum* | *virium* |
| **D.** | *consulibus* | *corporibus* | *viribus* |
| **Abl.** | *consulibus* | *corporibus* | *viribus* |

On décline sur *consul* les noms imparisyllabiques (leur nominatif est de forme variable) et les 6 noms de la famille :

- *parentes, um*, m. : parents (*parens, -ntis*, m/f : père, mère)
- *pater, patris*, m. : le père (pl. *Patres, um* : les sénateurs)
- *mater, matris*, f. : la mère
- *frater, fratris*, m. : le frère
- *senex, senis*, m. : le vieillard
- *juvenis, is*, m. : le jeune homme

Les noms en ***–or/oris*** sont masculins ; les noms en ***–as/-atis, us/-utis, -o/ -inis*** et les faux imparisyllabiques sont féminins ; les noms en ***–us/-oris, -us/-eris, -en/-inis*** et les noms en ***–e, -al, -ar*** sont neutres.

## Vocabulaire 2

- *solitudo, -inis*, f. : la solitude
- *sollicitudo, -inis*, f : souci, inquiétude
- *virtus, -utis*, f. : le courage, la vertu (la qualité propre de l'homme, *vir*)
- *vitium, ii*, n. : le vice
- *laus, laudis*, f. : mérite, éloge, louange, gloire
- *nomen, -inis*, n. : le nom
- *uxor, oris*, f. : l'épouse
- *labor, oris*, m. : peine que l'on se donne pour faire qc, travail
- *saepe* : souvent
- *homo, -inis*, m. : l'homme
- *tempus, -oris*, n. : temps, époque, moment, circonstance
- *non solum sed etiam* : non seulement ... mais encore
- *salus,-utis*, f. : salut (vie sauve, salutation)
- *lego, is, ere, legi, lectum* : lire
- *vester, vestra, vestrum* : votre
- *vox, vocis*, f. : voix
- *generosus, a, um* : de bonne naissance, noble, généreux

## Exercices

**1. *Décliner au sg.* : senex, virtus, nomen. *au pl.* : homo, tempus**

senex senex senexem senexis senexi senexe
virtus virtus virtutem virtutis virtuti virtute
nomen nomen nomen nominis nomini nomine
plur homines homines hominem hominis homini homine
tempus tempus tempus temporis tempori tempore

**2. *Décliner les groupes nominaux* : *au sg.* novus consul ; bonus civis**

novus consul nove consul novum consulem novi consulis novo consul novo consule
bonus civis bone civis bonum civem boni civis bono civi bono cive

**3. *La famille de Cicéron : Cicéron, parti en exil, écrit à sa famille. (N.B. Cicero est aussi le nom de son fils)***

**a) Traduire**

Tullius s.d. Terentiae et Tulliae et Ciceroni suis.

Ego minus saepe do ad vos litteras quam possum, propterea quod omnia mihi tempora sunt misera ; cum aut scribo ad vos aut vestras litteras lego, conficior lacrimis

Tullius salue ses cher Terentia, Tullia et Ciceron
Je vous adresse moins souvent des lettres que je ne le pourrais, parce que tous les moments sont malheureux pour moi ;

*s.d.* : salutem dat
*possum :* ici, pourrais
*minus quam :* moins que
*Ego* : je (insistance) ; *vos* : vous
*omnis, e :* ici *omnia* : tous, toutes
*conficio, is, ere, -feci, -fectum :* achever, accabler. Conficior + abl. : je suis accablé par qc.
*suis :* plur. possessif pour les 3 noms propres

**b) Traduire**

Terentia est l'épouse de Cicéron.

Terentia Ciceronis uxor ~~est~~ est

Le nom de l'épouse de Cicéron est Terentia.

Ciceronis uxoris nomen Terentia est

Cicéron a un fils et une fille.

Ciceron fili et filius sunt

Cicéron et Terentia sont les parents de Tullia.

Cicero et Terentia Tulliae parentes sunt

Tullia est la sœur de Cicéron.

Tullia Ciceronis soror est

## 4. *Les phrases et maximes à traduire*

Est solitudo mater sollicitudinis. (Publius Syrus)

solitude est mère d'inquiétude

Vicina saepe vitia sunt virtutibus. (Publius Syrus)

Les vices sont souvent voisins des vertus

Qui timet amicum, vim non novit nominis. (Publius Syrus)

Celui qui craint un ami ne connaît pas la valeur de ce nom

Mens sana in corpore sano. (Juvénal, *Satire* X)

Esprit sain dans un corps sain

Generosos animos labor nutrit. (Sénèque)

Le travail nourrit les ♡ généreux

Homo homini lupus° (est). (Plaute, *Asinaria*)

L'homme est un loup pour l'♂

**Aide à la traduction**

*novit* : il connaît ; *nutrio, ire, ivi, itum* : nourrir
Les mots marqués d'un ° ont un sens facile à trouver d'après le français.

**Civilisation**

## Éloge de Rome

Un site naturel remarquable pour une ville appelée à être maîtresse du monde.

« Ce n'est pas sans raison que les dieux et les hommes ont choisi ce lieu pour l'emplacement de Rome : l'extrême salubrité de ses coteaux, les grands avantages d'une rivière par où descendent d'un côté les récoltes du continent, et par où arrivent de l'autre les approvisionnements de la mer ; cette mer, suffisamment proche pour les facilités du commerce, et trop éloignée pour nous exposer aux insultes des flottes étrangères ; une position au centre de l'Italie, et qui semble se prêter d'elle-même aux accroissements de notre puissance » (*Discours de Camille*, Tite-Live, V, 54).

La fierté de Camille pour l'*Urbs* est en partage entre tous les Romains et les poètes chantent « *Aeternae Urbis moenia* », « les remparts de la ville éternelle » (Tibulle) ou « Rome la plus belle des villes » qui « seule en sa vaste enceinte a renfermé sept monts » (Virgile, *Géorgiques II 533-535*).

La légende imagine un premier village au Palatin, mais *l'Urbs* est plutôt une confédération de villages situés sur les collines, le Palatin et le Quirinal, l'Aventin, le Caelius, l'Esquilin, le Viminal, le Capitole, réunies dès le VIe siècle av. J.-C. par l'enceinte de Servius Tullius. Les hauts lieux de la ville sont le Capitole, citadelle (*arx*) et sanctuaire et le *Forum*, plaine située au pied du Palatin.

Monnaie de l'empereur Vespasien

*Rome, représentée comme une femme, est assise sur les sept collines.*

*Le fleuve Tibre est couché à ses pieds*

20/07

LEÇON 7

# ▪ *L'imparfait et le futur de l'indicatif*
# ▪ *La quatrième déclinaison*
# ▪ *La coordination*

## 1. *L'imparfait*

| ***Sum*** **et ses composés** | **ex. *possum*** | **conjugaisons régulières + *eo* et *fero*** radical | **terminaison** |
|---|---|---|---|
| *eram* | *poteram* | *ama-* | *-bam* |
| *eras* | *poteras* | *mone-* | *-bas* |
| *erat* | *poterat* | *mitte-* | *-bat* |
| *eramus* | *poteramus* | *capie-* | *-bamus* |
| *eratis* | *poteratis* | *audie-* | *-batis* |
| *erant* | *poterant* | *i-* | *-bant* |
| | | *fere-* | |

Pour les composés de *sum*, aux préfixes : ***ab-, ad-, de-, ob-, prae-, super-, prod-, pot-***, on ajoute les formes de *sum* à l'imparfait.

## 2. *Le futur*

| ***sum*** **et ses composés ex. *possum*** | | **1re et 2e conj. + *eo*** | | **3e, 4e + *fero*** | |
|---|---|---|---|---|---|
| *ero* | *potero* | | *-bo* | | *-am* |
| *eris* | *poteris* | *ama-* | *-bis* | *mitt-* | *-es* |
| *erit* | *poterit* | *mone-* | *-bit* | *capi-* | *-et* |
| *erimus* | *poterimus* | *i-* | *- bimus* | *audi-* | *-emus* |
| *eritis* | *poteritis* | | *-bitis* | *fer-* | *-etis* |
| *erunt* | *poterunt* | | *- bunt* | | *-ent* |

Pour les composés de *sum*, aux préfixes : ***ab-, ad-, de-, ob-, prae-, super-, prod-, pot-,*** on ajoute les formes de *sum* au futur.

## 3. *La quatrième déclinaison*

Elle comprend des noms masculins et féminins en -***us*** : ex. *manus*, *us*, f. : la main, la troupe ; des noms neutres en -***u*** : ex. *cornu*, *us*, n. : la corne, l'aile d'une armée.

| | **M. et F.** ***manus*, *us*, f. :** la main, la troupe | **N. *cornu*, *us*, n. :** la corne, l'aile d'une armée | **déclinaison spéciale** ***domus*, *us*, f. :** la maison |
|---|---|---|---|
| **N. V. sg.**<br>**Acc.**<br>**G.**<br>**D.**<br>**Abl.** | *manus*<br>*manum*<br>*manus*<br>*manui*<br>*manu* | *cornu*<br>*cornu*<br>*cornus*<br>*cornu, cornui*<br>*cornu* | *domus*<br>*domum*<br>*domus*<br>*domui*<br>*domo* |
| **N. V. pl.**<br>**Acc.**<br>**G.**<br>**D. Abl.** | *manus*<br>*manus*<br>*manuum*<br>*manibus* | *cornua*<br>*cornua*<br>*cornuum*<br>*cornibus* | *domus*<br>*domos, domus*<br>*domorum, domuum*<br>*domibus* |

locatif : *domi*

## 4. *La coordination*

Pour traduire « et », le latin a plusieurs mots : *et*, *atque* (*ac*), *-que* (se soude au mot coordonné, enclitique).

### 1. *Pour coordonner deux mots*

➠ *Pater et mater - pater atque (ac) mater – pater materque*

Quand *et* est redoublé, il met en relief les mots coordonnés : *et pater et mater* : et le père et la mère, aussi bien le père que la mère.

### 2. *Pour coordonner plusieurs mots*

On répète *et* devant chaque mot : *pater et mater et filius*

On accroche *-que* au dernier mot : *pater, mater filius**que***

### 3. *L'emploi de non après et est incorrect : on emploie* neque / nec.

➠ *Non laudat nec castigat. Neque* peut se répéter au sens de « ni... ni ».

*Et*, *atque*, *-que* ne peuvent être suivis d'un mot négatif. Par exemple, après *et* on n'emploie pas *numquam* mais on écrit *nec...unquam* .

## Vocabulaire

- *metus, us,* m. : la crainte
- *donum, i,* n. : le don, le cadeau
- *casus, us,* m. : hasard, accident, malheur
- *noceo, es, ere, ui, itum* +D. : nuire à
- *facile* : facilement
- *excelsus, a, um* : élevé, haut, noble
- *maxime* : très, grandement
- *multi, ae, a* : nombreux
- *castigo, as, are, avi, atum* : blâmer
- *usus, us,* m. : usage, utilité, expérience
- *quaero, is, ere, quaesivi, quaesitum* : chercher, demander (*ab* ou *ex* + abl. à qn)
- *sensus, us* : action de percevoir, sens, réflexion, intelligence.
- *metuo, is, ere, metui, metutum* : avoir peur
- *aetas, atis,* f. : vie, âge ; temps

## Exercices

### 1. Conjuguer à l'imparfait et au futur : possum ; noceo ; lego

poteram poteras poterat poteramus poteratis poterant ; potero
poteris poterit poterimus poteritis poterunt
nocebam nocebas nocebat nocebamus nocebatis nocebant ; nocebo
nocebis nocebit nocebimus nocebitis nocebunt
legebam legebas legebat legebamus legebatis legebant ; legam
leges leget legemus legetis legent

### 2. Traduire

inveniam Je trouverai ; gaudebimus nous nous réjouirons dabat il donnait ; leges tu liras ; metuam je craindrai quaerebat il cherchait ; vincies tu vaincras ; aberat il était ... colimus nous cultivons ; colemus nous cultiverons ; vincis tu vaincs faciebat il faisait ; dicis tu dis ; dicet il dira regebatis vous dirigiez ; dicebat il disait ; dabis tu donneras venietis vous viendrez ; venitis vous venez ; metuis tu as peur inveniebat il trouvait ; times tu crains ; scribes tu écriras

### 3. Décliner

Sg. pl. : *usus, us,* m. ; Pl. *tempus, oris,* n., *populus, i,* m

usus, usum, usus, usui, usu ; usus usus usuum usibus
tempora tempora tempora temporum temporibus temporibus
populi populi populos populorum populis populis

## 4. *Traduire*

Excelsis facile casus nocet. (d'après Publius Syrus)

Le hasard nuit facilement à ce qui est élevé

Fortunae dona magna non sunt sine metu. (Publius Syrus)

La fortune ne donne pas la gloire sans la crainte

Sensus, non aetas, invenit sapientiam. (Publius Syrus)

La réflexion, ~~intemporelle~~ non l'âge, qui fait la sagesse

Fortuna usu dat multa, mancipio nihil. (Publius Syrus)

La fortune donne l'usage de nombreuses choses, mais la propriété de rien

Ubi maxime gaudebis, metues maxime. (Publius Syrus)

Où tu te réjouiras grandement, tu auras grandement peur

▸ **Voc.** *mancipium*, *ii*, n. : droit de propriété

**Civilisation**

## Rome et les dieux, le panthéon romain

« Nous avons une ville fondée sur la foi des auspices et des augures ; il n'y a pas un seul endroit dans ses murs qui ne soit plein des dieux et de leur culte » (*Discours de Camille*, Tite-Live, V, 52).

Les divinités sont innombrables : en effet à chaque activité humaine correspond une volonté divine, *numen* (*numen*, *inis*, n.)

Les 12 dieux conseillers, *dei consentes*, ont leur statue sur le Forum romain, sont confondus très tôt avec les dieux grecs.

| nom romain | nom grec | fonction | attribut |
|---|---|---|---|
| Jupiter | Zeus | roi des dieux | aigle, foudre, sceptre |
| Junon | Héra | épouse de Jupiter ; déesse des Femmes et du Mariage | paon, grenade |
| Minerve | Athéna | déesse de l'Intelligence | chouette, olivier |
| Apollon | Apollon | dieu solaire, dieu des Arts | arc, lyre |
| Diane | Artémis | déesse de la Lune, de la Chasse, de la Chasteté | croissant, arc, biche |
| Mercure | Hermès | messager de Jupiter, dieu du Commerce | caducée, sandales ailées |
| Vulcain | Héphaïstos | dieu du Feu domestique | enclume, marteau |
| Vesta | Hestia | déesse du Foyer | flamme |
| Mars | Arès | dieu du Printemps et de la Jeunesse, de la Guerre | casque, armes |
| Vénus | Aphrodite | déesse de l'Amour et de la Beauté | colombe |
| Cérès | Déméter | déesse des Fruits de la Terre, de la Fécondité | gerbe, faucille |
| Neptune | Poséidon | dieu de la Mer | trident, cheval |

### ▪ Curiosités

*Nec plus ultra*, et pas plus loin

Selon la légende, Hercule aurait gravé ces mots sur les montagnes, du côté des colonnes d'Hercule (limite de la Méditerranée, *Mare nostrum*, et de l'Océan, conçu dans l'Antiquité comme ce qui entoure la surface habitée du monde) pour dire que ce sont là les limites du monde. Charles Quint a repris la devise en la modifiant : *Plus ultra*, c'est l'époque des grandes découvertes.

8(107

Leçon 8

# ▪ Les compléments de lieu
# ▪ La négation
# ▪ Les subordonnées circonstancielles à l'indicatif : temps, cause

## I. Les compléments circonstanciels de lieu

| question | *Ubi ... ?*<br>lieu où l'on est | *quo... ?*<br>lieu où l'on va | *unde... ?*<br>lieu d'où l'on vient | *qua... ?*<br>lieu par où l'on passe |
|---|---|---|---|---|
| **adverbes** | *ibi*, là, y<br>*hic*, ici<br>*illic*, là-bas | *eo*, là, y<br>*huc*, ici<br>*illuc*, là-bas | *inde*, de là, en<br>*hinc*, d'ici<br>*illinc*, de là-bas | *ea*, par là<br>*hac* par ici<br>*illac* par là-bas |
| **règle générale** | *in* + abl.<br>*in urbe est* | *In* + acc.<br>*in urbem it* | *ex* + abl.<br>*ex urbe redit* | *per* + acc.<br>*per urbem iter facit.* |
| **Exceptions : noms propres de ville + *domus*, *humus*, *rus*** | **- Abl. seul pour les noms au pl. et ceux de la 3e décl.**<br>*Sum Athenis*<br>**- Locatif**<br>*Sum*... je suis...<br>*Lugduni* à Lyon<br>*Romae*, à Rome<br>*domi* à la maison chez moi<br>*humi*, par terre<br>*ruri*, à la campagne | **Acc. seul**<br>*Eo*... je vais<br>... *Romam*, à Rome<br>...*Athenas*, à Athènes<br>... *domum*, à la maison, chez moi<br>... *rus*, à la campagne | **Abl. seul**<br>*Redeo* ... je reviens<br>*Roma*, de Rome<br>*Athenis*, d'Athènes<br>*domo*, de la maison<br>*rure*, de la campagne | *Per Romam iter facio*...<br>Je passe par Rome<br>Route, port, pont : abl. seul<br>*Eo via Appia* |

➥ *domus*, *us*, f. : la maison ; *humus*, *i*, f. : le sol ; *rus*, *ruris*, n. : la campagne.

Le locatif : ancien cas qui servait à exprimer le lieu. Il est resté pour les noms de ville au sing. de la 1re et 2e déclinaison et pour *domus*, *humus*, *rus*.

**Remarque**

On trouve aussi l'ablatif seul dans les expressions où figurent *locus*, le lieu, et *totus*, tout.
➥ « *pugnare aequo loco* » (César), « combattre sur un terrain favorable ».

## 2. Les subordonnées circonstancielles de temps à l'indicatif

Elles sont introduites par les conjonctions suivantes :

- *ut, ubi, cum* : quand, lorsque
- *ut primum, ubi primum* : dès que
- *simul atque / ac* : dès que
- *postquam* : après que
- *dum* : pendant que
- *antequam* : avant le moment où
- *priusquam* : avant que

➥ *Magistri, dum docent, discunt.* Pendant qu'ils enseignent, les maîtres apprennent.

## 3. Les subordonnées circonstancielles de cause

Elles sont introduites par les conjonctions suivantes :

- *quod, quia :* parce que
- *propterea quod :* parce que
- *quoniam* : puisque

➥ *Quoniam id cupis, maneo.* Puisque tu le désires, je reste.

## 4. L'impératif présent

Il n'y a que deux personnes à l'impératif : 2e sg. et pl.

| amo | moneo | mitto | capio | audio | sum | eo | fero |
|---|---|---|---|---|---|---|---|
| ama<br>*aime*<br>amate<br>*aimez* | mone<br>*avertis*<br>monete<br>*avertissez* | mitte<br>*envoie*<br>mittite<br>*envoyez* | cape<br>*prends*<br>capite<br>*prenez* | audi<br>*écoute*<br>audite<br>*écoutez* | es<br>*sois*<br>este<br>*soyez* | i<br>*va*<br>ite<br>*allez* | fer<br>*porte*<br>ferte<br>*portez* |

À la troisième conjugaison, *dico*, dire ; *duco*, conduire ; et *facio*, faire font : *dic / dicite, duc / ducite, fac / facite.*

## Vocabulaire

- *semper* : toujours
- *nunc* : maintenant
- *officium*, *ii*, n. : le devoir, le service rendu
- *paterfamilias*, *patrisfamilias*, m. : le père de famille
- *doceo*, *es*, *ere*, *docui*, *doctum* : enseigner
- *magister*, *tri*, m. : celui qui commande, le maître
- *concordia*, *ae*, f. : concorde, entente
- *si*, conj. : si
- *fortissimus*, *a*, *um* : très courageux
- *miles*, *militis*, m. : le soldat
- *colonus*, *i*, m. : cultivateur
- *gigno*, *is*, *ere*, *genui*, *genitum* : engendrer, enfanter, faire naître
- *strenuus*, *a*, *um* : actif, vaillant
- *saluto*, *as*, *are*, *avi*, *atum* : saluer
- *fundus*, *i*, m. : domaine
- *sedeo*, *es*, *ere*, *sessi*, *sessum* : être assis
- *disco*, *is*, *ere*, *didici*, *discitum* : apprendre

## Exercices

### 1. Répondre aux questions en employant le mot proposé

Quo it paterfamilias ? (villa) ..................................................

Unde venit paterfamilias ? (Roma, urbs) ..................................................

Ubi ambulant puellae ancillaeque ? (hortus) ..................................................

Ubi Cato vivere amat ? (rus, villa sua) ..................................................

Quo it miles ? (domus, Roma) ..................................................

Unde veniunt puellae ? (templum) ..................................................

Quo sedent pueri ? (humus) ..................................................

### 2. Compléter par la conjonction convenable (§ 2, § 3) et traduire

Ite Romam .......... illic sunt multa pulchra templa.

..................................................

Militum manus fortissima erat .......... hostibus oberat.

..................................................

### 3. Les leçons de Caton : traduire

Et cum majores nostri virum bonum laudabant, ita laudabant bonum agricolam bonumque colonum.

Ex agricolis et viri fortissimi et milites strenuissimi gignuntur.

Patris familias officia. Pater familias ubi ad villam venit, larem familiarem salutat, et fundum eodem die, si potest, circumit (d'après Caton, *De Agricultura*)

**Aide à la traduction**

*majores nostri* : nos ancêtres ; *gignuntur* : ils naissent ; *strenuissimus, a, um* : très vaillant, le plus vaillant ; *lar familiaris* : le lare domestique ; *eodem die* : le même jour ; *circumeo, is, ire* : faire le tour de

Et lorsque nos ancêtres louaient [illegible] du bien, ils louaient
en fait le bon laboureur et le bon cultivateur
Les agriculteurs sont nés et de [illegible] très courageux et
des soldats très vaillants
Le devoir de père de famille quand il vient à la ferme salut
le lare domestique, et fait le même jour, s'il peut, le tour du domaine

## 4. *Paroles de la Pythie : (8 verbes à l'impératif) Phèdre,* Fables, *VI, 7*

« **Écoutez, nations, les conseils du dieu de Délos :**

pietatem colite, vota superis reddite ; pratiquez la piété, faites des vœux aux dieux
patriam, parentes, natos, castas conjuges défendez par les armes votre patrie,
defendite armis, hostem ferro pellite ; vos parents, vos fils, vos chastes épouses,
amicos sublevate, miseris parcite repoussez vos ennemis par le fer, soulagez vos amis
bonis favete, subdolis ite obviam. » épargnez les malheureux, favorisez les bons,
opposez vous au rusé

## Vocabulaire

- *pietas, atis* f. : la piété
- *votum, i,* n. : vœu, promesse faite aux dieux
- *natus, i* m. : le fils
- *castus, a, um* : chaste
- *defendo, is, ere, -fendi, -fensum* : défendre
- *obviam* (*ob viam*) adv. : sur le chemin
  *obviam esse alicui : s'opposer à qn*
- *superus, a, um* : qui est au-dessus
- *arma, orum* n. pl. : les armes
- *ferrum, i* n. : le fer, l'épée
- *pello, is, ere, pepuli, pulsum* : remuer, émouvoir ; chasser
- *sublevo, as, are, avi, atum* : soulever, soulager
- *parco, is, ere, peperci, parsum* + D. : épargner
- *subdolus, a, um* : rusé, fourbe
- *faveo, es, ere, favi, fautum* + D. : être favorable à, favoriser

Civilisation

## L'homme romain

Anchise qu'Enée rencontre aux Enfers compare le génie romain au génie grec : « Toi, Romain, souviens-toi de régir les peuples sous ton empire : tes arts à toi seront d'imposer les conditions de la paix, d'épargner les vaincus et de dompter les superbes » (*Énéide*, VI, traduction de Maurice Rat).

Ainsi le Romain abandonne-t-il au Grec le goût des arts, la science et même, dit Anchise, l'éloquence et se distingue par l'art de la guerre et la justice, et surtout la prétention à gouverner le monde.

En réalité, le Romain est d'abord un paysan attaché à sa terre, comme nous le montre le texte de Caton. Il est travailleur et mène une vie simple : exemple de Cincinnatus, patricien cultivant lui-même la terre.

Il doit la défendre, aussi est-il un soldat endurant.

Il doit pratiquer la justice et la piété, la *pietas*, *atis*, f., sentiment qui fait reconnaître et accomplir tous les devoirs envers les dieux, les parents, la patrie... « *Justitiam cole et pietatem* » (Cicéron, *Le Songe de Scipion*).

L'esprit pratique du paysan romain l'éloigne des arts, mais lui donne le sens de la justice, à l'origine du droit romain.

LEÇON 9

# ▪ Les adjectifs de la deuxième classe
# ▪ Les degrés de comparaison de l'adjectif

## 1. Les adjectifs de la deuxième classe

| Radicaux en *-i* | | | Radicaux à consonne | |
|---|---|---|---|---|
| Abl. sg. *-i* | G. pl. *-ium* | N. V. Acc. pl. *-ia* | Abl. sg. *-e* / G. pl. *-um* | N. V. Acc. pl. *-a* |
| modèles : | ***fortis, e*** | **courageux** | ***vetus, veteris*** | **vieux** |
| | **M. F.** | **N.** | **M. F.** | **N.** |
| **N sg.** | *fortis* | *forte* | *vetus* | *vetus* |
| **V.** | *fortis* | *forte* | *vetus* | *vetus* |
| **Acc.** | *fortem* | *forte* | *veterem* | *vetus* |
| **G.** | *fortis* | *fortis* | *veteris* | *veteris* |
| **D.** | *forti* | *forti* | *veteri* | *veteri* |
| **Abl.** | *forti* | *forti* | *vetere* | *vetere* |
| **N. pl.** | *fortes* | *fortia* | *veteres* | *vetera* |
| **V.** | *fortes* | *fortia* | *veteres* | *vetera* |
| **Acc.** | *fortes* | *fortia* | *veteres* | *vetera* |
| **G.** | *fortium* | *fortium* | *veterum* | *veterum* |
| **D.** | *fortibus* | *fortibus* | *veteribus* | *veteribus* |
| **Abl.** | *fortibus* | *fortibus* | *veteribus* | *veteribus* |

▪ Certains adjectifs ont un nominatif différent aux trois genres :

- *acer, acris, acre* : vif, ardent

Les adjectifs en ***–x, -ns*** ont le même nominatif aux trois genres :

- *ferox, ferocis* : farouche, fougueux ;
- *prudens, prudentis* : prévoyant, prudent, sage, avisé.

Les adj. en -***ens***, -***entis*** ont un abl. sg. en ***-i*** pour qualifier une chose, en ***-e*** pour qualifier une personne.

▪ Sur *vetus*, on décline :

- *dives, divitis* : riche
- *pauper, pauperis* : pauvre

- *princeps, principis* : premier
- *uber, eris* : fécond (ablatif en -i)...

- et les adjectifs au comparatif.

## 2. Formation du comparatif et du superlatif et traduction

On part du radical de l'adjectif : on remplace la terminaison ***-i*** ou ***-is*** du génitif par le suffixe correspondant :

- pour le comparatif, le suffixe ***-ior,-ior, -ius*** ;
- pour le superlatif, le suffixe ***-issimus, -issima, -issimum***.

➡ *doctus*, savant, G. *docti*, radical *doct-* + ***-ior***, - ***ius*** : *doctior, doctius* plus savant, assez savant, trop savant

+ *-issimus, a, um* : *doctissimus, a, um* le plus savant, très savant

➡ *prudens*, avisé G. *prudentis*, radical *prudent-*

+ ***-ior***, ***-ius*** : *prudentior, prudentius*

+ ***-issimus***, ***a***, ***um*** : *prudentissimus, a, um*

Exceptions

| | | |
|---|---|---|
| **adjectifs en *-er*** | superlatif en ***–errimus***<br>*pulcher*, beau > *pulcherrimus* | |
| **6 adjectifs en *-ilis*** | superlatif en *–illimus*<br><br>*difficilis*, difficile ; *gracilis*, grêle ; *humilis*, humble ; *similis*, semblable ; *dissimilis*, différent | *facilis, facile* > *facillimus* |
| | **comparatif** | **superlatif** |
| *bonus*, bon | *melior, melius* | *optimus* |
| *malus*, mauvais | *pejor, pejus* | *pessimus* |
| *magnus*, grand | *major, majus* | *maximus* |
| *parvus*, petit | *minor, minus* | *minimus* |
| *multi*, nombreux | *plures, plura* G. *plurium* | *plurimi* |
| *propinquus*, proche | *proprior, proprius* | *proximus* |

## Vocabulaire

- *inopia, ae*, f. : manque de ressources, pauvreté
- *pauci, ae, a* : peu nombreux, peu de
- *omnis, e* : tout
- *avaritia, ae*, f. : l'avarice
- *gratia, ae*, f. : reconnaissance, faveur
- *gratias ago, is, ere, egi, actum* + D. : témoigner de la reconnaissance à, remercier
- *opus, eris*, n. : ouvrage, travail
- *familiaris, e* : de la maison, de la famille
- *carus, a, um* : cher
- *coepi* : j'ai commencé
- *pereo, is, ire, ii, itum* : périr
- *reliquus, a, um* : qui reste
- *gratus, a, um* : agréable, charmant, reconnaissant
- *dolor, oris*, m. : douleur, chagrin
- *placeo, es, ere, placui, placitum* + D. : plaire à
- *honestus, a, um* : honorable, digne de considération
- *liber, libri*, m. : le livre
- *fidus, a, um* : fidèle, sûr

## Exercices

### 1. Mettre au cas demandé

dives dominus (G. sg. ; G. pl)................................................

pauper civis (N. pl. ; abl. pl.) ................................................

magna urbs (abl. sg. et pl.) ................................................

prudens vir (acc. sg. ; D. sg.) ................................................

### 2. Écrire le comparatif et le superlatif des adjectifs au même genre, nombre, cas

digna................................................

honestus ................................................

prudens ................................................

facile ................................................

pauci ................................................

## 3. *Identifier les superlatifs et traduire*

Ad Atticum.

Terentia tibi et saepe et maximas agit gratias. Id est mihi gratissimum. Ego vivo miserrimus et maximo dolore conficior (Cicéron, *Epistulae ad familiares*, II, 59).

..........................................................................................................................

..........................................................................................................................

..........................................................................................................................

Mea Terentia, fidissima atque optima uxor, et mea carissima filiola et spes reliqua nostra, Cicero, valete (Cicéron, *Epistulae ad familiares*, II, 63).

..........................................................................................................................

..........................................................................................................................

..........................................................................................................................

**Aide à la traduction**

Atticus est un ami de Cicéron ; *ego* : moi je, je ; *tibi* : D. du pr. personnel tu : à toi, te ; *mihi* : D. du pr. personnel *ego* : à moi, me ; *id* : cela ; *conficior* : je suis accablé ; *epistula, ae* f. : lettre ; *coepi* : je commence.

## 4. *Maximes à traduire*

Inopiae desunt pauca, avaritiae omnia (Publius Syrus).

..........................................................................................................................

Ubi coepit pauper divitem imitari, perit (Publius Syrus).

..........................................................................................................................

Placere multis opus est difficillimum (Publius Syrus).

..........................................................................................................................

**Aide à la traduction :** *imitari* : « imiter »

## CIVILISATION

### UNE POLITIQUE D'EXPANSION CONTINUE. LES VOIES ROMAINES

L'histoire de Rome est celle de conquêtes continues :

- fin du III^e siècle, après les guerres puniques, l'Italie, de l'Arno au détroit de Messine, Sicile, Sardaigne, Corse, Gaule cisalpine ;
- II^e siècle : Espagne, Illyrie, Macédoine, Grèce, Carthage, royaume de Pergame, Gaule Narbonnaise ;
- I^er siècle : Pont, Cilicie, Cyrénaïque, Gaule ;
- fin du II^e siècle ap. J.-C. : toute la Méditerranée, île de Bretagne, sud du Danube, Dacie.

De 312 av. J.-C., date de la construction de la *via Appia* à l'époque impériale, les Romains ont tissé, au fil de leurs conquêtes, un vaste réseau routier dont Rome est le centre. Par des voies continues, on peut se rendre de Rome aux colonnes d'Hercule, à la pointe de l'Armorique, aux embouchures du Rhin et du Danube, à Byzance, à Athènes.

Sous Auguste, une carte générale de l'Empire exposée sous un portique public faisait voir le réseau et les parcours.

Le long des voies romaines, il y avait des bornes qui, de mille en mille, indiquaient la distance, les bornes milliaires, *milliaria (milliarium au sg)*.

*LA VOIE DES TOMBEAUX À POMPÉI*

Près des villes, les routes étaient bordées de monuments funéraires de tous les styles, dont les épitaphes s'adressaient au voyageur : *H.C. Hic cubat. Il est étendu là.*

À l'endroit où les routes entraient en ville, il y avait des arcs de triomphe avec des inscriptions en l'honneur des empereurs, des magistrats, des particuliers qui avaient participé à l'entretien de la route.

Le voyageur pouvait faire halte dans des relais situés tous les 10-12 milles (15-18 km), les *mutationes*, ou passer la nuit dans les *mansiones*, situées tous les 30 ou 40 milles (44-60 km).

LEÇON 10

# Les compléments du comparatif et du superlatif
# La cinquième déclinaison
# Les adjectifs cardinaux déclinables. Solus, totus, nullus

## 1. Le complément du comparatif

Si l'on écrit : « Tu es plus riche que Crésus », on a un comparé « il » un comparant « Crésus », complément du comparatif. En latin, on écrit :

➥ *Divitior es quam Croesus* (*erat*). Le complément est introduit par *quam*, et se met au cas voulu par sa fonction.

Le complément peut être parfois :

- un adjectif : on l'écrit alors aussi au comparatif : *Stultior est quam improbior*, « il est plus bête que méchant ».
- une proposition : *Doctior est quam putas*, « il est plus savant que tu ne penses ».

➥ *Divitior es Croeso*. Le complément est construit avec l'ablatif sans préposition si le comparatif est au nominatif ou à l'accusatif.

## 2. Le complément du superlatif

Il est au génitif ou construit avec ***ex*** + abl.

➥ *Altissima arborum / altissima ex arboribus*, le plus haut des arbres

*quam* + (*possum*) + superlatif : *le plus ... possible*

➥ *Quam maxima* (*potest*) *cura*, avec le plus grand soin possible

## 3. La cinquième déclinaison

Modèle : *res*, *rei*, f. : chose, affaire, bien

| | Sg. | Pl. |
|---|---|---|
| **N.** | *res* | *res* |
| **V.** | *res* | *res* |
| **Acc.** | *rem* | *res* |
| **G.** | *rei* | *rerum* |
| **D.** | *rei* | *rebus* |
| **Abl.** | *re* | *rebus* |

Tous les noms de la 5e déclinaison sont féminins sauf *dies*, *diei*, m., le jour

***Res*** est un mot très fréquent dans la langue latine, et très polysémique.

- chose, être : *divinae humanaeque res*, les choses divines et humaines
- le fait, la réalité : *pro re*, selon les circonstances
- chose, affaire : *res militaris*, la guerre ; *res rustica* : l'agriculture ; *res publica* : les affaires publiques, l'État
- affaire, intérêt : *res est mihi tecum* : c'est à toi que j'ai affaire
- biens, fortune : *res familiaris*, le patrimoine
- cause : *ob eam rem*, pour cette raison
- acte, *res gestae*, les actions
- débat, cause : *rem dicere*, plaider une cause
- sujet : *ad rem redire*, revenir à son sujet

## 4. *Les adjectifs cardinaux*

➥ cf. tableau complet des numéraux à la fin du manuel

Seuls, les trois premiers adjectifs cardinaux se déclinent.

| *unus, a, um* : un, un seul | | | | *duo, duae, duo* : deux | | |
|---|---|---|---|---|---|---|
| **N.** | *unus* | *una* | *unum* | *duo* | *duae* | *duo* |
| **Acc.** | *unum* | *unam* | *unum* | *duo(s)* | *duas* | *duo* |
| **G.** | *unius* | *unius* | *unius* | *duorum* | *duarum* | *duorum* |
| **D.** | *uni* | *uni* | *uni* | *duobus* | *duabus* | *duobus* |
| **Abl.** | *uno* | *una* | *uno* | *duobus* | *duabus* | *duobus* |
| *tres, tria* : trois | | | | ***nullus, a, um*** | | |
| **N.** | *tres* | *tria* | | *nullus* | *nulla* | *nullum* |
| **Acc.** | *tres* | *tria* | | *nullum* | *nullam* | *nullum* |
| **G.** | *trium* | *trium* | | ***nullius*** | ***nullius*** | ***nullius*** |
| **D.** | *tribus* | *tribus* | | ***nulli*** | ***nulli*** | ***nulli*** |
| **Abl.** | *tribus* | *tribus* | | *nullo* | *nulla* | *nullo* |

*Mille*, n. : « 1000 » est indéclinable au singulier : *mille homines, mille hominum*... mais on écrit *milia* quand il s'agit de plusieurs milliers : *duo milia hominum.*

*nullus, a, um* : « aucun...ne » ; *solus, a, um* : « seul » ; *totus, a, um* : « tout » (entier) se déclinent comme *unus* : G ***-ius*** ; D. ***-i***.

## Vocabulaire

- *majores, um* : les ancêtres
- *puto, as, are, avi, atum* : penser
- *opes, um*, f. : les richesses, la puissance
- *amor, oris*, m. : l'amour
- *vox, vocis*, f. : la voix
- *verbum, i*, n. : mot, parole
- *verba facere :* parler
- *mos, moris*, m. : coutume, mœurs
- *os, oris*, n. : la bouche, le visage
- *nunc* : maintenant
- *nisi* : si...ne...pas ; sinon, si ce n'est
- *nullus, a, um* : nul, aucun
- *semper* : toujours
- *tutus, a, um* : bien gardé, sûr
- *nihil* : rien
- *praeter* : prép. + acc. : le long de, devant, outre, excepté, sauf
- *confirmo, as, are, avi, atum* : affermir, affirmer
- *brevis, e* : court (espace, temps)

## Exercices

**1. *Compléter les phrases avec l'adjectif convenable au comparatif ou au superlatif :* magnus, bonus, pulcher, clarus, facilis, honestus *et* traduire.**

Roma ........................ex Italiae urbibus erat. ...........................

Viro bono ................ vita est quam improbo. ............................

Ruri vitam agere .................. est quam in urbe. .........................

Cicero ........................ consulum est .................................

Dei ......................... sapientiam senibus dabant quam juvenibus.

......................................................................................................................

**2. *Décliner***

res publica (sg.) ; duo dies ; totus populus (sg.) ; nullus civis (sg.)

......................................................................................................................

......................................................................................................................

......................................................................................................................

......................................................................................................................

## 3. *Compléter avec le mot juste* **res publica, divinae humanaeque res, res rustica, res familiaris.**

Dominus liberis suis ............................................ curat.

Consul .................................................... salus erat.

Romani ............................ ........................amabant.

Vir bonus ...................................................... scit.

## 4. *Traduire le poème de Martial « Ad Aemilianum » et les maximes.*

Semper pauper eris, si pauper es, Aemiliane :
dantur opes nullis nunc nisi divitibus.

Martial, *Épigrammes* V, 81

**Aide à la traduction**

*dantur* : « sont donné(e)s » (*opes* est sujet de *dantur*) ; *Aemilianus*, nom de famille, Émilien.

..........................................................................................................................

..........................................................................................................................

Magister usus omnium est rerum optimus. (Publius Syrus)

..........................................................................................................................

**Aide à la traduction**

*Omnium rerum usus optimus magister est.*

Tutissima res, timere nihil praeter Deum. (Publius Syrius)

..........................................................................................................................

Dies diem docet.

..........................................................................................................................

Timeo hominem unius libri. (Pline)

..........................................................................................................................

Civilisation

## La famille romaine : le nom, les relations familiales

La *familia* rassemble tous ceux qui sont sous l'autorité du *paterfamilias*, épouse, enfants, brus et gendres, petits-enfants, parents, esclaves...

Une famille appartient à une *gens*, c'est-à-dire à un ensemble de familles qui ont un ancêtre commun.

Le Romain porte trois noms : *praenomen*, *nomen*, *cognomen* (prénom, nom, surnom), exemple : **Marcus Tullius Cicero**

Le *nomen* est celui de la *gens* : **gens Tullia**

Le surnom évoque un trait physique d'un ancêtre, *Cicero*, « le pois chiche », ou une distinction : Scipion l'Africain.

Les filles portent comme *praenomen* le nom gentilice : la fille de Cicéron s'appelle **Tullia**

Le *paterfamilias* veille au culte des ancêtres.

Il y avait plusieurs rituels du mariage avec *manus* (autorité du mari sur sa femme), la *confarreatio*, partage d'un gâteau, en présence d'un prêtre, la *coemptio*, échange d'une pièce de monnaie, l'*usus* (la femme est acquise au mari au bout d'un an).

La femme dit : *Ubi tu Gaïus, ibi ego Gaïa*, « Où tu seras Gaïus, là je serai Gaïa ».

- **Curiosité**

Voici un jeu de mots dont s'amusaient les Romains pour décrire les raisons d'un mariage. Les mots sont à l'ablatif de cause.

AMORE par amour

MORE en suivant la coutume

ORE à cause du visage (coup de foudre)

RE à cause de la fortune (mariage d'intérêt)

**Leçon 11**

# Le supin et les participes : participe présent, participe parfait passif
# Le complément du verbe passif

## 1. Le participe présent

C'est une forme verbale qui se décline et s'accorde comme un adjectif.

Il se décline sur le modèle de *prudens, prudentis*.

| **1** | **2** | **3** | **3** | **4** | **eo** | **fero** |
|---|---|---|---|---|---|---|
| *amans* | *monens* | *mittens* | *capiens* | *audiens* | *iens* | *ferens* |
| *-ntis* | *-ntis* | *-ntis* | *-ntis* | *-ntis* | *euntis* | *-ntis* |
| aimant | avertissant | envoyant | prenant | écoutant | allant | portant |

| | M. F. | N. |
|---|---|---|
| **N. sg.** | *amans* | *amans* |
| **V.** | *amans* | *amans* |
| **Acc.** | *amantem* | *amans* |
| **G.** | *amantis* | *amantis* |
| **D.** | *amanti* | *amanti* |
| **Abl.** | *amanti / e* | *amanti* |

*Sum* n'a pas de participe présent. Certains participes présents sont devenus des noms (*sapiens, ntis* : le sage), des adjectifs (*patiens, -ntis*, qui endure (ils sont formés sur les verbes, *sapio, patior*).

### Emploi du participe présent

Il s'emploie comme épithète, épithète détachée et exprime la simultanéité avec le verbe principal.

➥ *Legens, multa discis* : en lisant, tu apprends beaucoup de choses.

Le participe présent se rapporte à un nom, ou à un pronom et s'accorde avec ce mot. Ce nom ou ce pronom ne sont pas toujours exprimés.

➥ *Cum Romam venias, adpropinquanti occurro* : Alors que tu viens à Rome, je vais < à la rencontre de toi approchant >, / à ta rencontre.

À la valeur temporelle, peut s'ajouter une valeur circonstancielle : quand tu lis, / si tu lis... / comme tu lis...

## 2. Le participe parfait passif

La cinquième forme des temps primitifs est le supin : *amo, as, are, avi,* ***amatum***. À partir du radical du supin, on construit le participe parfait passif en ajoutant les terminaisons ***–us, -a, -um*** : ***amat- + -us, -a, -um***, « ayant été aimé ».

Il se décline comme *bonus, -a, -um*.

### Emploi du participe parfait passif

Il s'emploie comme épithète, épithète détachée et indique une circonstance antérieure à celle du verbe principal.

➥ *Victi, hostes fugiunt* : Vaincus, les ennemis s'enfuient.

Pour exprimer la succession de deux faits, le latin emploie souvent un participe parfait passif pour le 1^er^, un verbe conjugué pour le 2^d^.

➥ *Romani Carthaginem captam delent* : <Les Romains détruisent Carthage ayant été prise>

➥ Après avoir pris Carthage, les Romains la détruisent.

Le participe parfait passif employé comme épithète peut se traduire par un nom abstrait *: ab Urbe condita* : depuis la fondation de la ville.

## 3. Le complément du verbe passif

Le participe parfait passif est une forme passive qui peut recevoir un complément. Celui-ci est à l'ablatif :

- Sans préposition pour les choses (complément de moyen) :
  *Victus precibus*, vaincu par les prières.
- Avec la préposition ***a/ab*** + abl. pour les êtres animés (complément d'agent) :
  *Victus ab hostibus*, vaincu par les ennemis.

# Vocabulaire

- *fugio, is, ere, fugi,-* : fuir
- *deleo, es, ere, evi, etum* : détruire
- *preces, um,* f. pl. : les prières
- *condo, is, ere, didi, ditum* : fonder
- *cum... tum* : d'une part ... d'autre part
- *perficio, is, ere, feci, fectum* : achever, accomplir, travailler, confectionner
- *oppidum, i,* n. : place forte
- *artificium, ii,* n. : métier, art, adresse, habileté
- *opus, operis,* n. : œuvre, ouvrage, travail
- *provincia, ae* : la province
- *erga* + acc. : à l'égard de
- *fides, ei* f. : foi, confiance
- *commemoro, as, are, avi, atum* : rappeler
- *aes, aeris,* n ; : le bronze

- *simulacrum*, i, n. : ressemblance, image, statue
- *summus, a, um* : le plus haut, le plus élevé
- *religio, onis*, f. : scrupule, conscience, scrupule religieux, religion, piété
- *signum, i*, n : signe, image, statue
- *locus, i*, m. : lieu ; *loca*, n. pl. : pays, contrées
- *singularis, e* : unique, isolé, rare
- *benevolentia, ae* : bienveillance, dévouement
- *direptio, onis* f. : pillage
- *tantus, a, um* : de cette grandeur, si grand

## Exercices

### 1. Donner la 1re personne du verbe et traduire les formes suivantes

timens ..........

scripta ..........

visus ..........

scribens ..........

sciens ..........

fugiens ..........

datus ..........

monitus ..........

### 2. Former au masculin singulier les participes présent et parfait passif des verbes (leçon 3) et traduire

dico ..........

facio ..........

laudo ..........

video ..........

vincio ..........

### 3. Avec les mots des groupes suivants, écrire des groupes nominaux avec un participe parfait passif et son complément.
**Ex : liberi – parentes – amo > liberi a parentibus amati**

sapientia – vir bonus– quaero > ..........

urbs – tempus – deleo > ..........

ager – agricola – colo > ..........

salus – Cicero – do > ..........

puella - delecto - laus > ........................................................................................

deus - Romani - colo ............................................................................................

## 4. *Traduire*

Prima omnium Sicilia provincia est appellata.

.........................................................................................................................

Sola fuit tanta fide benevolentiaque erga populum Romanum.

.........................................................................................................................

Unius urbis omnium pulcherrimae, Syracusarum, direptionem commemorabo.

.........................................................................................................................

.........................................................................................................................

**Aide à la traduction**

*appellata est* : a été appelée ; *omnium* : cpl. de *prima*, de *pulcherrimae* ; *Syracusae, arum* : Syracuse

## 5. *La Diane de Ségeste : souligner les participes et traduire*

Segesta est oppidum pervetus in Sicilia quod Aenea fugiens a Troia atque in haec loca veniens condidit. (...)

.........................................................................................................................

.........................................................................................................................

Erat apud Segestanos ex aere Dianae simulacrum cum summa atque antiquissima praeditum religione, tum singulari opere artificioque perfectum. (D'après Cicéron, *De Signis*, XXXIII).

.........................................................................................................................

.........................................................................................................................

.........................................................................................................................

**Aide à la traduction**

*Segesta, ae* : Ségeste, ville de Sicile ; *Segestani, orum* : les habitants de Ségeste ; *pervetus, -eris* : très vieux ; *quod* : que (relatif, antécédent = oppidum) ; *condidit* : a fondé ; *haec* : ces ; *praeditus* + abl. : pourvu de.

**Civilisation**

## En Sicile, l'affaire Verrès

La Sicile devient la première province romaine, après la première guerre punique en 241 av. J.-C. Elle constitue donc le début de l'expansion romaine hors de l'Italie, et offre à Rome une position clé dans la Méditerranée.

Elle avait été dominée à l'Ouest par les Carthaginois, à l'Est, par les Grecs pour qui elle était une partie de la *Magna Graecia*, la Grande Grèce.

En 76 av. J.-C., Cicéron avait été élu questeur en Sicile à Lilybée et y avait laissé le souvenir d'un magistrat honnête. C'est pourquoi, après la préture de Verrès en 74-70, les Siciliens le chargent de les défendre contre Verrès qui les a spoliés.

Le *De Signis*, *Sur les œuvres d'art*, est un plaidoyer dans lequel Cicéron montre le pillage par Verrès des œuvres d'art grec de Sicile et souligne les sacrilèges commis :

« La Sicile tout entière est consacrée à Cérès et à Proserpine [...] Les Siciliens croient que ces déesses prirent naissance chez eux, que l'usage du blé fut inventé en Sicile [...] Henna est moins une ville qu'un temple de Cérès [...] Et dans Henna tu osais ravir la statue de Cérès ! »

▪ **Curiosité**

Le mot de Brennus, ayant conquis Rome : *Vae victis !* « Malheur aux vaincus »

Leçon 12

# Le parfait, le plus-que-parfait, le futur antérieur
# L'infinitif parfait
# Le complément de qualité
# Le complément de matière

## 1. Formes du perfectum à l'indicatif et à l'infinitif

Le parfait est le 4e temps primitif des verbes latins : *amo*, *as*, *are*, ***amavi***, *amatum*. Il exprime une action achevée (*perfectum* < *perficio*) À partir du radical du parfait, le latin conjugue, à l'indicatif, le parfait, le plus-que-parfait et le futur antérieur selon les modèles ci-dessous.

***Parfait***

| **Sum** | | **terminaisons** | **possum** | **absum** | **autres composés** | |
|---|---|---|---|---|---|---|
| **Sg.** | *fui* | ***-i*** | *potui* | *afui* | *pro-* | *fui* |
| | ***fuisti*** | ***-isti*** | *potuisti* | *afuisti* | *ad-* | *fuisti* |
| | ***fuit*** | ***-it*** | *potuit* | *afuit* | *de-* | *fuit* |
| **Pl.** | ***fuimus*** | ***-imus*** | *potuimus* | *afuimus* | *inter-* | *fuimus* |
| | ***fuistis*** | ***-istis*** | *potuistis* | *afuistis* | *prae-* | *fuistis* |
| | ***fuerunt*** | ***-erunt /-ere*** | *potuerunt* | *afuerunt* | *super-* | *fuerunt* |

| **conjugaisons régulières + *eo* et *fero*** **parfait** | **radical +** | **terminaisons** |
|---|---|---|
| *amavi* | *amav-* | ***-i*** |
| *monui* | *monu-* | ***-isti*** |
| *misi* | *mis-* | ***-it*** |
| *cepi* | *cep-* | ***-imus*** |
| *audivi* | *audiv-* | ***-istis*** |
| *ivi (ii)* | *iv- (i-)* | ***-erunt*** / ***-ere*** |
| *tuli* | *tul-* | |

À la troisième personne du pluriel, on rencontre souvent la terminaison en *-ere* pour *-erunt*.

On traduit le parfait par le passé simple, le passé composé, le passé antérieur.

➥ *amavi* : j'aimai, j'ai aimé, j'eus aimé

| | |
|---|---|
| **infinitif parfait :** radical du parfait | + terminaison |
| | *amav-* + **-*isse*** = *amavisse*, « avoir aimé » |

***Plus-que-parfait et futur antérieur***

On ajoute au radical du parfait les formes de **sum** à l'imparfait et au futur.

| Plus-que-parfait | | Futur antérieur | |
|---|---|---|---|
| *amav-* + | | *amav-* + | |
| *monu-* | -***eram*** | *monu-* | -***ero*** |
| *mis-* | -***eras*** | *mis-* | -***eris*** |
| *cep-* | -***erat*** | *cep-* | -***erit*** |
| *audiv-* | -***eramus*** | *audiv-* | -***erimus*** |
| *fu-* | -***eratis*** | *fu-* | -***eritis*** |
| *potu-* | -***erant*** | *potu-* | -***erint*** |
| *i-* | | *i-* | |
| *tul-* | | *tul-* | |

Attention à la 3e personne du pluriel
en -***erint*** et non pas -***erunt***, futur de *sum*.

## 2. Le complément de qualité

Le complément de qualité est un complément du nom qui indique une qualité morale ou physique et se met au GÉNITIF ou à l'ABLATIF. Le nom reçoit toujours un adjectif épithète mélioratif : *magnus*, *maximus*, *tantus*, *egregius*, *summus* ...

➥ *Puer egregiae indolis* – *Puer egregia indole* : Un enfant d'un excellent naturel

## 3. Le complément de matière

Pour désigner la matière d'un objet, on emploie en latin, soit un adjectif, soit un nom introduit par **ex** + abl.

➥ *Vas aureus*, *Vas ex auro* : un vase en or

## Vocabulaire

- *sicut, sicuti* : comme
- *mortalis, e* : mortel
- *mortales, ium*, m. : les mortels
- *agrestis, e* : champêtre
- *egregius, a, um*, adj. : de choix, remarquable (*egregie* = adverbe)
- *marmor, oris*, n. : le marbre
- *pars, partis*, f. : partie, part
- *venustas, atis*, f. : beauté
- *habitus, us*, m. : aspect, manière d'être
- *assiduus, a, um* : continuel
- *indoctus, a, um* : ignorant, grossier
- *venter, tris*, m. : le ventre
- *somnus, i*, m. : le sommeil
- *victor, oris*, m. : vainqueur
- *incultus, a, um* : inculte (propre et figuré)
- *transeo, is, ire, ii, itum* : traverser
- *ferus, a, um* : sauvage, inculte
- *ars, artis*, f. : invention, moyen, art
- *infero, fers, ferre, tuli, latum* : apporter
- *indoles, is*, f. : caractère, nature
- *alter, a, um* : l'un (des deux), l'autre
- *verum* : mais
- *vestitus, us*, m. : vêtement, habillement
- *anniversarius, a, um* : qui revient tous les ans

## Exercices

### I. Traduire les formes verbales (en employant une des traductions possibles du parfait)

ambulavi ............................

coluisti.........................

dixerat ...............................

dedero ..........................

fecerunt ..............................

potuerunt .......................

vixistis.......................

legi ............................

tulisse ................................

scripserat ....................

legerint...............................

quaesimus .......................

quaerimus ............................

venisse ............................

viderit ..................................

ierant ............................

tulit ....................................

exit .........................

metuerat ..............................

condiderunt .........................

## 2. *Traduire en latin*

avoir donné ............................ vous avez remercié ...........................

avoir vu ....... ils auront pu .............

nous fûmes absents .............................. il vit .......................

tu as craint .............. il voit .................

ils ont nui ............................ ils surent ...............

ils auront combattu ....................

## 3. *Identifier les compléments de qualité et de matière, puis les traduire*

Erat hoc Cupidinis signum e marmore, ex altera parte Hercules egregie factus ex aere. Erant aenea duo praeterea signa non maxima, verum egregia venustate, virginali habitu et vestitu.

D'après Cicéron, *De Signis*, III

**Notes :** *Cupido, inis* : Cupidon ; *Hercules, is*, m. : Hercule ; *aeneus, a, um* : de bronze ; *virginalis, e* : de jeune fille

..........................................................................................................................

..........................................................................................................................

..........................................................................................................................

## 4. *Traduire*

Sed multi mortales, dediti ventri atque somno, indocti incultique vitam sicuti peregrinantes transierunt (Salluste, *La Conjuration de Catilina, II*).

..........................................................................................................................

..........................................................................................................................

..........................................................................................................................

Assidui vero et anniversarii hostes ab Etruria fuerunt Veientes. Gens una Fabiorum adversus eos privatum° bellum gessit (d'après Florus).

..........................................................................................................................

..........................................................................................................................

Graecia capta ferum victorem cepit et artes intulit agresti Latio (Horace, *Épîtres* II, 1, 156-157).

..........................................................................................................................

**Aide à la traduction**

*Veientes* : les habitants de Véies ; *Fabius*, nom d'une gens. *peregrinantes* : voyageurs ; *Latium* : région de Rome

**CIVILISATION**

## CE QUE ROME DOIT AUX ÉTRUSQUES ET AUX GRECS

Les rois étrusques ont fait de Rome l'*Urbs* : on leur doit l'assèchement des marais par la construction du *Cloaca Maxima*, grand égout, le forum, l'emplacement du Circus Maximus, le temple de Jupiter sur le Capitole.

Ils ont laissé les insignes du pouvoir civil et religieux.

Le siège curule, le bâton courbe de l'augure sont étrusques, tout comme les faisceaux des licteurs et le fameux bronze de la louve romaine.

Avec la conquête de la Grande Grèce, Italie du sud et Sicile, puis celle de la Grèce, la culture grecque, **l'héllénisme** gagne la civilisation romaine : luxe dans les maisons et les repas, vaisselle d'argent, pillage des œuvres de l'art grec et copies. Les divinités romaines sont assimilées peu à peu aux dieux grecs. Les élites romaines envoient leurs enfants étudier à Athènes, on parle grec, on découvre les philosophies, scepticisme, stoïcisme, épicurisme qui menacent les pratiques religieuses. Plaute et Térence imitent le théâtre grec.

Malgré les avertissements sévères d'un Caton qui rappelle le *mos majorum*, la tradition de simplicité, Rome est profondément transformée.

**LEÇON 13**

# ▪ *L'ablatif absolu*
# ▪ *Le complément circonstanciel de temps*
# ▪ *Les adverbes de temps*
# ▪ *La mesure du temps*

## 1. *L'ablatif absolu*

Dans la phrase : *Les parts ayant été faites*, *le lion parla*, l'élément souligné est une proposition participiale, c'est-à-dire construite autour d'un participe « ayant été faites », avec un sujet « Les parts ».

Forme syntaxique peu employée en français, elle est très fréquente en latin dans **l'ablatif absolu**. On écrit ainsi :

➥ *Partibus factis*, *verba fecit leo.*

Dans cette proposition, on a :

- un participe parfait passif à l'ablatif : *factis* ;
- un sujet à l'ablatif : *Partibus.*

**L'ablatif absolu** est une proposition participe où le participe, parfait passif ou présent, et son sujet sont à l'ablatif. Le participe s'accorde en genre et en nombre avec le sujet.

➥ *Aenea in Italiam veniente*, Enée arrivant en Italie

Le verbe *sum* n'ayant ni participe présent, ni participe parfait passif, on écrit : *Cicerone consule*, Cicéron étant consul > sous le consulat de Cicéron

### *Traduction de l'ablatif absolu*

Outre la valeur temporelle, l'ablatif absolu peut exprimer diverses circonstances.

➥ Ex. : *Hostibus victis* peut exprimer :

- le temps : quand les ennemis ont été vaincus… ;
- la cause : comme les ennemis avaient été vaincus… » ;
- l'opposition : bien que les ennemis fussent vaincus ;
- la supposition : si les ennemis avaient été vaincus.

Une particule peut préciser le sens de la circonstance (langue postclassique) : *vixdum*, à peine ; *statim*, aussitôt ; *velut*, *sicut* : comme si ; *nisi*, à moins que ; *quippe*, en effet, bien sûr, puisque ; *simul*, en même temps que ; *etsi*, bien que.

> **Ne pas confondre**
>
> *Romani Carthaginem captam delent* (« Les Romains détruisent Carthage ayant été prise » > « Après avoir pris Carthage, les Romains la détruisent ») et *Carthagine capta, Romani provinciam Africanam condiderunt* (« Carthage ayant été prise, les Romains fondèrent la province d'Afrique »).
>
> Le groupe *Carthaginem captam* est complément du verbe principal. *Carthagine capta* est une proposition.

## 2. Le complément circonstanciel de temps

Le latin distingue :

- la date : question *quando ?*, quand ? > complément à l'**ablatif** sans préposition.
  - ➡ *Tertia hora veniet*, il viendra à la troisième heure.
  - ➡ *Die venit*, il vient de jour.
  - ➡ *Eo tempore*, en ce temps-là.
  - date relative : on intercale *post*, après, ou *ante*, avant, entre l'adjectif et le nom. *Duobus ante annis*, deux années auparavant.
- la durée : question *quamdiu ?*, pendant combien de temps ? > complément à l'**accusatif** sans préposition.
  - ➡ *Tres annos regnavit*, il a régné pendant trois ans.

## 3. La mesure du temps : se reporter à la fiche en fin de livre

## 4. Les adverbes de temps

*hodie*, aujourd'hui ; *heri*, hier ; *cras*, demain ; *nunc*, maintenant ; *tum* alors ; *mox*, bientôt ; *simul*, en même temps ; *jam*, déjà, maintenant, désormais ; *numquam*, ne jamais ; *saepe*, souvent ; *semper*, toujours ; *semel*, une fois, une seule fois, une bonne fois

## Vocabulaire

- *accipio, is, ere, accepi, acceptum* : accueillir, recevoir, apprendre (*ab*, de)
- *habeo, es, ere, ui, itum* : avoir, posséder, tenir pour
- *initium, ii*, n. : le début, *initio* : au début
- *dux, ducis*, m. : guide, chef, général
- *nuntius, ii*, m. : message, nouvelle
- *inimicus, i*, m. : ennemi (particulier)
- *vulnero, as, are, avi, atum* : blesser
- *premo, is, ere, pressi, pressum* : presser, serrer, accabler
- *etiam* : encore, même
- *voco, as, are, avi, atum* : appeler
- *beatus, a, um* : heureux
- *profugus, a, um* : qui fuit
- *sedes, is* f. : siège, demeure, séjour
- *auspicium, ii*, n. : auspice
- *ultimus, a, um* : le plus éloigné, le dernier
- *neco, as, are, avi, atum* : tuer

## Exercices

### 1. *Traduire les ablatifs absolus*

re militari gesta ..........

Militibus iter facientibus ..........

nuntio vixdum accepto ..........

etsi patrefamilias liberos monente ..........

hostibus fugientibus ..........

re familiari liberis data ..........

viro bono sapientiam quaerente ..........

### 2. *Distinguer l'ablatif absolu et le GN avec un participe épithète. Traduire.*

Cives ex urbe capta fugiunt. Urbe capta cives fugiunt.

..........

Duobus consulibus inter Patres lectis, res publica tuta erat.

..........

Homines in senatum lecti in curia sedent.

..........

Tempore fugiente, homines quam optimam vitam quaerunt.

..........

Tempus fugiens homines premit.

..........

## 3. *Construire des ablatifs absolus avec les mots donnés et traduire*

Dominus - in forum - eo : ..........................................................................................

Opus - perficio : ..........................................................................................

Litterae - ad familiares - scribo : ..........................................................................................

Consul - verba - facio : ..........................................................................................

## 4. *Souligner les verbes conjugués au parfait et identifier les deux ablatifs absolus (sans participe) puis traduire*

Urbem Romam, sicuti ego accepi, condiderunt atque habuerunt initio Troiani qui, Aenea duce profugi, sedibus incertis vagabantur (Salluste, *La Conjuration de Catilina*, VI).

..........................................................................................

..........................................................................................

..........................................................................................

**Aide à la traduction**

*vagabantur* : ils erraient ; *ego* : je ; *Troianus, i* : Troyen ; *Aenea, ae* : Énée

## 5. *Traduire les proverbes*

Fugit irreparabile° tempus. (Virgile, *Géorgiques*)

..........................................................................................

Vita fugit sicut umbra°. ..........................................................................................

Dies noctem vincit. ..........................................................................................

Vulnerant omnes, ultima necat. ..........................................................................................

(sous-entendu : *hora*, *ae*, l'heure)

**CIVILISATION**

## LES GRACQUES

L'affaire des Gracques qui commence en 134 av. J.-C. ébranle la République et le mythe « de la sagesse et de l'équilibre du gouvernement de la République, celui de la solidarité profonde des Romains » (Claude Nicolet).

La question en jeu est celle de l'*ager publicus*, le domaine public de Rome, terres confisquées aux vaincus au fur et à mesure des conquêtes. En fait, elles sont souvent occupées par les grands propriétaires terriens. Par ailleurs, la petite paysannerie qui a participé aux guerres doit souvent abandonner ses terres et vient grossir le prolétariat de Rome (on appelle prolétaires ceux qui ne possèdent rien d'autres que leurs enfants, *proles*). Ces prolétaires ne peuvent plus être soldats et des terres sont laissées en friche.

Il faudrait distribuer l'*ager publicus*.

*Tiberius* et *Caius Sempronius Gracchus* : petits-fils de Scipion l'Africain, ils appartiennent à l'aristocratie, mais vont être tous deux élus tribuns de la plèbe. Voici les propos du tribun *Tiberius* rapportés par Plutarque : « Même les animaux qui vivent en Italie ont une tanière ; chacun d'eux a un endroit où dormir et se réfugier. Mais ceux qui combattent et meurent pour défendre l'Italie n'ont que l'air et la lumière » (traduction A.-M. Ozanam).

Malgré l'opposition du Sénat, les Gracques font voter la loi *Sempronia** qui rend aux pauvres une partie des terres de l'*ager publicus* découpé en parcelles de 30 jugères (7,5 hectares).

Tibérius est assassiné en 133, et Caius en 121.

* Les lois portent à Rome le nom de celui qui les a proposées.

- ***Le pronom-adjectif* is ; idem**
- ***Le pronom personnel***
- ***Adjectifs et pronoms possessifs***
- ***Les réfléchis* se, sui, sibi, suus**

## 1. *Le pronom-adjectif* is

| | Sg. | | | Pl. | | |
|---|---|---|---|---|---|---|
| **N.** | *is* | *ea* | *id* | *ei, ii* | *eae* | *ea* |
| **Acc.** | *eum* | *eam* | *id* | *eos* | *eas* | *ea* |
| **G.** | *ejus* | *ejus* | *ejus* | *eorum* | *earum* | *eorum* |
| **D.** | *ei* | *ei* | *ei* | *eis, iis* | *eis, iis* | *eis, iis* |
| **Abl.** | *eo* | *ea* | *eo* | *eis, iis* | *eis, iis* | *eis, iis* |

*Is* n'est pas un véritable démonstratif. Souvent, il reprend un mot déjà employé, c'est pourquoi on l'appelle « pronom de rappel ». Il peut aussi annoncer une proposition relative (cf. leçon 17) :

- emploi comme adjectif : on le traduit par « ce », « cet », « cette », « ces » : *Eos pueros vidi*, j'ai vu ces enfants
- emploi comme pronom : on peut le traduire par un démonstratif, mais on le traduit plus souvent par un pronom personnel de la troisième personne, il(s), elle(s), le, la, les, lui, leur, eux, en, y... ➥ *Eos vidi*, je les ai vus ; *eis dixi*, je leur ai dit
- emploi particulier du pronom : au génitif, il sert d'adjectif possessif.

➥ *Domina abest ; ejus ancillam vidi*, La maîtresse est absente, j'ai vu sa servante.

➥ *Dominae absunt ; earum ancillas vidi*, Les maîtresses sont absentes, j'ai vu leurs servantes.

## 2. *Le pronom-adjectif* idem, *le même*

| | singulier | | | pluriel | | |
|---|---|---|---|---|---|---|
| N. | *idem* | *eadem* | *idem* | *eidem / iidem* | *eaedem* | *eadem* |
| Acc. | *eumdem* | *eamdem* | *idem* | *eosdem* | *easdem* | *eadem* |
| G. | *ejusdem* | *ejusdem* | *ejusdem* | *eorumdem* | *earumdem* | *eorumdem* |
| D. | *eidem* | *eidem* | *eidem* | | *eisdem* ou *iisdem* | |
| Abl. | *eodem* | *eadem* | *eodem* | | *eisdem* ou *iisdem* | |

*Idem* peut être adjectif ou pronom : ➠ *eumdem* (*virum*) *vidi*, j'ai vu le même homme ; *idem accidit*, la même chose se passe.

On construit la comparaison *Idem ac / idem atque* : « le même que » ou avec un relatif.

➠ *Puella easdem fabulas audit ac domina / quas domina*, la jeune fille entend les mêmes propos que la maîtresse.

## 3. *Les pronoms personnels*

| | | 1re personne | 2e pers. | 3e pers. (réfléchi) |
|---|---|---|---|---|
| Sg. | N | *ego* | *tu* | >< |
| | Acc | *me* | *te* | *se* (*sese*) |
| | G | *mei* | *tui* | *sui* |
| | D | *mihi* | *tibi* | *sibi* |
| | Abl | *me* | *te* | *se* (*sese*) |
| Pl. | N | *nos* | *vos* | >< |
| | Acc | *nos* | *vos* | *se* (*sese*) |
| | G | *nostrum* | *vestrum* | *sui* |
| | D | *nobis* | *vobis* | *sibi* |
| | Abl | *nobis* | *vobis* | *se* (*sese*) |

Au nominatif, *ego*, *tu*, *nos*, *vos* ne s'emploient que pour insister.

Avec la préposition *cum*, on dit : *mecum*, *tecum*, *secum*, *nobiscum*, *vobiscum*.

*Nostrum*, *vestrum* ont un sens partitif : *unus nostrum* : l'un de nous ; *optimus nostrum*, le meilleur d'entre nous

Il existe aussi *nostri*, *vestri* quand un verbe ou un adjectif se construit + G. : *nostri similis est*, « il est semblable à nous ».

## 4. *Les adjectifs et pronoms possessifs*

| | |
|---|---|
| 1re pers. : meus, a, um : mon / le mien | noster, -tra, -trum : notre / le nôtre |
| 2e pers. : tuus, a, um : ton / le tien | vester, -tra, -trum : votre / le vôtre |
| 3e pers. : suus, a, um : son, le sien | suus, a, um : leur / le leur |

On n'emploie pas l'adjectif possessif s'il est évident.

➥ *Amo patrem*, j'aime mon père

➥ *Amo patrem tuum*, j'aime ton père

Parfois, à côté d'un nom propre, les adjectifs possessifs expriment une nuance affective : *Cicero meus*, mon cher Cicéron.

On traduit *mei*, les miens, ma famille, au sens large ; *mea* : mes biens

## 5. *Le réfléchi*

*Se* et *suus* sont des formes réfléchies :

- *se* représente le sujet de la proposition ➥ *Pater liberos ad se vocat.* Le père appelle ses enfants auprès de lui.
- *suus* s'emploie pour désigner comme possesseur le sujet de la proposition :

  ➥ *Pater amat liberos suos, at eorum vitia reprehendit.* Le père aime ses enfants mais blâme leurs défauts.

## VOCABULAIRE

- *conficio, is, ere, feci, fectum* : réaliser, accabler
- *mors, mortis*, f. : la mort
- *et... quidem* : et qui plus est
- *servus, i*, m. : l'esclave
- *infirmitas, atis*, f. : faiblesse, maladie
- *commendo, as, are, ...* : confier, recommander, faire valoir
- *civitas, atis*, f. : la cité
- *quasi*, adv. : pour ainsi dire
- *solacium, ii*, n. : la consolation
- *rogo, as, are, avi, atum* : demander
- *pareo, es, ere, ui, itum* : obéir + D.
- *relinquo, is, ere, reliqui, relictum* : laisser, abandonner
- *adimo, is, ere, emi, emptum* : enlever
- *divido, is, ere, vidi, visum* : diviser, partager
- *par, paris* : égal, pareil

## Exercices

### 1. Remplacer le nom souligné par le pronom is :

Templum video .......... ;

amicis non deest ........... ;

sollicitudo miseros homines conficit ............ ;

paterfamilias officiis non deest ................ ;

liberi parentibus parent ............ ;

consul officium non relinquit ............ ;

### 2. Traduire ces propos de Cicéron en exil à son ami Atticus

Ego enim idem sum.

..........................................................................................................................

Inimici mei mea mihi non me ipsum ademerunt.

..........................................................................................................................

Tibi meos commendo.

..........................................................................................................................

Eo die pueri tui mihi a te litteras reddiderunt.

..........................................................................................................................

Non vitium nostrum sed virtus nostra nos adflixit.

..........................................................................................................................

**Notes :** *me ipsum* : moi-même ; *adfligo, is, ere, flixi, flictum* : abattre

### 3. Pline parle de ses esclaves : traduire le texte

Confecerunt me infirmitates meorum, mortes etiam, et quidem juvenum. Solacia duo [sunt]nequaquam paria tanto dolori, solacia tamen [...] Rogant quod visum est ; pareo ut jussus. Dividunt, donant, reliquunt dumtaxat intra domum ; nam servis res publica et quasi civitas domus est. (D'après Pline le Jeune, *Lettres*, VIII, 16)

..........................................................................................................................

..........................................................................................................................

..........................................................................................................................

..........................................................................................................................

..........................................................................................................................

**Aide à la traduction**

*nequaquam* : pas du tout ; *dumtaxat* : pas au-delà ; *intra* + acc. : en dedans de ; *ut jussus* : comme ayant reçu l'ordre, comme à des ordres, *quod visum est* : ce qui leur paraît bon. *dono, as, are* : donner

## CIVILISATION

### LA QUESTION DE L'ESCLAVAGE

Toutes les civilisations antiques ont connu l'esclavage.

Les esclaves sont des prisonniers de guerre ou des enfants d'esclaves. On peut aussi devenir esclave pour dettes ou si l'on a commis un crime.

Juridiquement, l'esclave est considéré comme une chose, *res*. Il fait partie de la *familia* (au premier sens, le mot désigne le personnel des esclaves). Le mot *puer* désigne aussi l'esclave.

La condition des esclaves est très variable, selon le maître et surtout l'emploi. Mais le maître n'a pas le droit de mal les traiter sous peine d'infamie. Certains esclaves sont médecins (souvent des Grecs) précepteurs, secrétaires... et très proches de leur maître.

Sous l'influence du stoïcisme, la condition des esclaves s'adoucit. Écoutons Sénèque : « J'ai appris avec plaisir [...] que vous vivez en famille avec vos esclaves ! cela répond bien à votre sagesse et à vos principes. "Ils sont esclaves" mais ils sont des hommes. "Ils sont esclaves" mais ils logent sous votre toit. "Ils sont esclaves". Non, ce sont des amis dans l'abaissement. "Ils sont esclaves". Non, nos compagnons d'esclavage, si l'on songe que le sort nous tient les uns et les autres en son pouvoir » *Lettres à Lucilius*, V, 47, lettre capitale qui montre, certes, l'humanité de Sénèque, mais aussi ce qu'il appelle la « barbarie » des maîtres qui offrent le spectacle de leurs débauches.

Le licteur touche l'esclave avec le bâton, la *vindicta*

Le maître lui sert la main pour le libérer.

L'esclave à genou se relève.

L'esclave porte le *pileus*, sorte de bonnet phrygien en laine dont on coiffait les esclaves qu'on affranchissait.

*Manumissio*, scène d'affranchissement

LEÇON 15

# ▪ *La proposition infinitive*
# ▪ *L'infinitif et le participe futurs*

## 1. *La proposition infinitive*

Elle est très fréquente. C'est une proposition dont le sujet est à l'accusatif et le verbe à l'infinitif. Il n'y a pas de mot subordonnant.

➥ *Scio vitam esse brevem*, je sais que la vie est brève.

***On l'emploie après les verbes comme :***

- *video*, je vois, *audio*, j'entends, *sentio*, je sens, etc. (**verbes de perception**) ;
- *credo*, je crois, *puto*, je pense, *scio*, je sais, *spero*, j'espère, etc. (**opération de l'esprit**) ;
- *dico*, je dis, *doceo*, j'enseigne, *ostendo*, je montre, *promitto*, je promets, etc. (**verbes de parole**) ;
- *gaudeo*, je me réjouis, *doleo*, je m'afflige, *miror*, je m'étonne, etc. (**verbes de sentiment**) ;
- *jubeo*, j'ordonne, *volo*, je veux, *nolo*, je ne veux pas, *malo*, je préfère, *opportet*, il faut, *licet*, il est permis, etc. (**verbes de volonté**) ;
- expressions comme : *fama est*, le bruit court que, *mos est*, c'est la coutume que.

> **Remarque**
>
> On traduit souvent par « on » : *dicunt*, *aiunt*, « on dit » ; *tradunt*, *ferunt*, « on rapporte »...

**Le sujet à l'accusatif** peut être un nom ou un pronom, il est toujours exprimé (sauf exception) ; on emploie le réfléchi ***se*** et ***suus*** pour renvoyer au sujet de l'infinitive / au sujet de la principale.

Sinon, on emploie le pronom *is*, *ea*, *id*.

***Emploi des temps***

- Infinitif présent : action simultanée avec celle de la principale :

  ➥ *Scio / sciebam vitam esse brevem*, je sais / savais que la vie est / était brève.

- Infinitif parfait : action antérieure à celle de la principale :

  ➥ *Scio / sciebam eam fuisse beatam*. je sais / je savais qu'elle était / avait été heureuse

- Infinitif futur : action postérieure à celle de la principale : cf. *infra*

## 2. Le participe et l'infinitif futur

Avec le radical du supin, on construit le participe futur :

- radical du supin + ***-urus***, ***-ura***, ***-urum***

*amo* > *amatum* > *amat-* + ***-urus***, ***-ura***, ***-urum*** > *amaturus*, *a*, *um* : Se traduit par : « sur le point d'aimer », « disposé à aimer », « ayant l'intention d'aimer », « destiné à aimer »

> **Remarque**
> Le participe futur a un sens actif.

Le participe s'emploie comme attribut avec le verbe *esse*.

➡ *Librum scripturus sum de illo bello*. J'ai l'intention d'écrire un livre au sujet de cette guerre

Le participe futur de *sum* est *futurus*, *a um*.

- L'infinitif futur actif : participe futur à l'accusatif + ***esse***

*amaturum*, *am*, *um* (*os*, *as*, *a*) *esse* : être sur le point d'aimer

Le verbe *sum* a deux infinitifs futurs : *futurum*, *a*, *um esse* / *fore*

➡ *Scio eam beatam futuram esse*, je sais qu'elle sera heureuse (ou *Scio eam beatam fore*).

➡ *Sciebam eam beatem futuram esse*. Je savais qu'elle serait heureuse.

## Vocabulaire

- *sentio*, *is*, *ire*, *ivi*, *itum* : sentir
- *credo*, *is*, *ere*, *didi*, *ditum* : croire
- *ostendo*, *is*, *ere*, *tendi*, *tendum* : montrer
- *spero*, *as*, *are*, *avi*, *atum* : espérer
- *opportet* : il faut
- *oratio*, *onis*, f. : parole, discours
- *orationem habere* : tenir un discours
- *eloquentia*, *ae*, f. : l'éloquence
- *actio*, *onis*, f. : action, action judiciaire, plaidoyer
- *gravis*, *e* : lourd, grave, puissant, noble
- *impetus*, *us*, m. : élan (aussi fig.) attaque, fougue
- *memoria*, *ae*, f. : la mémoire
- *odium*, *ii*, n. : haine, aversion
- *gestus*, *us*, m. : l'attitude du corps, les gestes de l'orateur
- *promitto*, *is*, *ere*, *misi*, *missum* : promettre
- *doleo*, *es*, *ere*, *ui*, *itum* : souffrir, être affligé
- *jubeo*, *es*, *ere*, *jussi*, *jussum* : ordonner
- *proprius*, *a*, *um* : propre, caractéristique
- *orator*, *oris*, m. : l'orateur
- *ornatus*, *a*, *um* : orné
- *calor*, *oris*, m. : chaleur, impétuosité
- *accommodatus*, *a*, *um* : convenable, approprié à
- *princeps*, *cipis*, adj. et subst. : qui occupe la 1re place, premier
- *praetereo*, *is*, *ire*, *ii*, *itum* : passer devant, omettre
- *me non praeterit* + prop. inf. : il ne m'échappe pas que

## Exercices

### 1. *Construire des propositions infinitives, attention aux futurs*

(Putat) Eloquentia ars magna est.

..........................................................................................................................

(Orator ostendit) Hostis patriae obest.

..........................................................................................................................

(Dux sperat) Milites vi urbem capient

..........................................................................................................................

(Opportet) Juvenis seni gratiam habet

..........................................................................................................................

(Dicit) In foro orationem habere debebis

..........................................................................................................................

### 2. *Traduire*

Il a l'intention de vaincre

..........................................................................................................................

Les hommes sont destinés à souffrir

..........................................................................................................................

Populus mox gentibus imperaturus

..........................................................................................................................

Enée avait l'intention de fonder une nouvelle ville.

..........................................................................................................................

### 3. *Identifier les propositions infinitives et traduire*

Neque enim me praeterit actiones, ubi recitantur, impetum omnem caloremque perdere. (D'après Pline, *Lettres*, II, 19)

..........................................................................................................................

..........................................................................................................................

Hac oratione habita, princeps X-legio confirmavit se ad bellum gerendum paratissimam esse. (D'après César, *Guerre des Gaules*, I, 41)

..........................................................................................................................

..........................................................................................................................

**Aide à la traduction**

*ubi recitantur*, quand ils sont lus ; *ad bellum gerendum*, à faire la guerre ; *hac* : ce ; *X-legio* : la 10e légion

**4. *Phrase a) préciser ce qui fait valoir l'éloquence ; phrase b) préciser quel est le propre de l'orateur***

a) In actionibus, memoria, vox, gestus, tempus ipsum, postremo vel amor vel odium rei eloquentiam commendat. (D'après Pline *Lettres*, V, 20).

.......................................................................................................................................

.......................................................................................................................................

b) Hoc enim est proprium oratoris : oratio gravis et ornata et hominum sensibus ac mentibus accommodata. Cicéron, *De oratore*

.......................................................................................................................................

.......................................................................................................................................

**Aide à la compréhension :** *hoc* : ceci ; *ipsum* : lui-même

**Civilisation**

## L'art oratoire. La rhétorique

« Qui ne sait que le triomphe de l'orateur est de faire naître dans les âmes l'indignation, la haine, la douleur, ou de les ramener de ces passions violentes aux sentiments plus doux de la pitié et de la compassion ? S'il n'a pas étudié la nature de l'homme, s'il ne connaît à fond le cœur humain, et tous ces ressorts puissants qui soulèvent ou apaisent les âmes, jamais il n'obtiendra cette belle victoire » (Cicéron, *De Oratore*, I, 12, propos de Crassus).

La grande affaire de la rhétorique est celle de la persuasion dans des civilisations où le débat public est largement ouvert à tous les citoyens. La pratique oratoire s'exerce dans le champ de la politique (discours délibératif), au tribunal (discours judiciaire), dans la vie publique (discours épidictique de l'éloge et du blâme).

Les devoirs de l'orateur sont d'instruire, *docere*, de plaire, *placere*, d'émouvoir, *movere*.

Deux parties du discours sont à cet égard importantes, l'**exorde** et la **péroraison**, que nous appellerions introduction et conclusion.

L'exorde doit rendre les auditeurs attentifs et susciter leur bienveillance, on parle de *captatio benevolentiae*. La péroraison doit récapituler les faits, les amplifier et être pathétique, c'est l'appel à la pitié, *commiseratio*.

- **Curiosité**

« *Cedant arma togae* » : mot de Cicéron à propos de son consulat : *arma*, autrement dit la guerre, *togae*, autrement dit la rhétorique du pouvoir politique. « Que les armes cèdent à la toge ». Ou encore : « *Contra arma verbis* », « Contre les armes avec les mots ».

# ▪ *Les démonstratifs*
# ▪ Ipse

## 1. *Déclinaison des démonstratifs*

Hic, haec, hoc

| | Singulier | | | Pluriel | | |
|---|---|---|---|---|---|---|
| | **Masc.** | **Fém.** | **Neutre** | **Masc.** | **Fém.** | **Neutre** |
| **N.** | *hic* | *haec* | *hoc* | *hi* | *hae* | *haec* |
| **Acc.** | *hunc* | *hanc* | *hoc* | *hos* | *has* | *haec* |
| **G.** | *hujus* | *hujus* | *hujus* | *horum* | *harum* | *horum* |
| **D.** | *huic* | *huic* | *huic* | *his* | *his* | *his* |
| **Abl.** | *hoc* | *hac* | *hoc* | *his* | *his* | *his* |

Iste, ista, istud

| | Singulier | | | Pluriel | | |
|---|---|---|---|---|---|---|
| | **Masc.** | **Fém.** | **Neutre** | **Masc.** | **Fém.** | **Neutre** |
| **N.** | *iste* | *ista* | *istud* | *isti* | *istae* | *ista* |
| **Acc.** | *istum* | *istam* | *istud* | *istos* | *istas* | *ista* |
| **G.** | *istius* | *istius* | *istius* | *istorum* | *istarum* | *istorum* |
| **D.** | *isti* | *isti* | *isti* | *istis* | *istis* | *istis* |
| **Abl.** | *isto* | *ista* | *isto* | *istis* | *istis* | *istis* |

*Ille*, *illa*, *illud* suit la déclinaison de *iste*, *ista*, *istud* cf. fin du livre.

## 2. *Emplois*

**Hic *désigne ce qui est tout près, dans l'espace, le temps, la pensée, ce qui a un rapport avec la 1re personne***

▪ Traduction : celui-ci ; ce, ceci, cela ; ce ...-ci, cet ....-ci ; mon, le mien, notre...

Dans un texte, *hic* désigne ce qui a été nommé en dernier lieu, peut annoncer ce que l'on va dire.

➥ *Hanc orationem habuit*, il prononça le discours suivant.

**Iste *désigne ce qui se rapporte à la 2e personne, a souvent un sens péjoratif***

- Traduction : celui-là, cela, ce ...-là, ce, le tien, ton, votre...

*Iste* désigne au tribunal celui que l'on combat.

➡ *Venio ad istius studium*, j'en viens à la passion de cet individu.

**Ille *désigne ce qui est éloigné, dans l'espace, le temps, la pensée, ce qui se rapporte à la deuxième personne, a souvent un sens laudatif.***

Dans un texte, *ille* désigne ce qui a été nommé avant, en concurrence avec *hic*, peut annoncer ce que l'on va dire.

➡ *Illo tempore*, en ce temps-là ; *Medea illa*, cette fameuse Médée.

### 3. Ipse, ipsa, ipsum

| | | | | |
|---|---|---|---|---|
| **Singulier** | **N.** | *ipse* | *ipsa* | *ipsum* |
| | **Acc.** | *ipsum* | *ipsam* | *ipsum* |
| | **G.** | *ipsius* | *ipsius* | *ipsius* |
| | **D.** | *ipsi* | *ipsi* | *ipsi* |
| | **Abl.** | *ipso* | *ipsa* | *ipso* |
| **Pluriel** | **N** | *ipsi* | *ipsae* | *ipsa* |
| | | ...déclinaison de *boni, ae, a*... | | |

- *Ipse* sert à marquer l'originalité, l'insistance sur la personne : lui(-même)

➡ *Id ipse fecit*. Il l'a fait lui-même

➡ *Ipse venit*. Il est venu en personne

➡ *Sua ipsius manu*. De sa propre main

➡ *Ipsam vitam dedit*. Il donna jusqu'à sa vie

## VOCABULAIRE

- *nobilis, e* : noble
- *genus, eris*, n. : naissance, origine, famille, genre, sorte, espèce
- *natus, a, um* : né, âgé de
- *animus, i*, m. : esprit, âme, courage
- *ingenium, ii*, n. : nature, caractère, disposition naturelle, talent
- *malus, a, um* : mauvais
- *pravus, a, um* : de travers, dépravé
- *adulescentia, ae*, f. : adolescence (entre 17 et 30 ans)
- *adulescens, entis*, m. : jeune homme, jeune fille
- *caedes, is*, f. : meurtre
- *rapio, is, ere, rapui, raptum* : enlever, ravir, voler
- *consilium, ii*, n. : plan, projet, résolution, conseil, assemblée
- *discordia, ae*, f. : discorde
- *civilis, e* : de citoyen, civil
- *juventus, utis*, f. : jeunesse

- *exerceo, es, ere, cui, citum* : travailler qc., exercer, pratiquer
- *gratia, ae,* f. : faveur, faveur d'autrui, reconnaissance, grâce
- *honos / honor, oris,* m. : honneur, magistrature
- *divitia, ae,* f. : richesse
- *aut* : ou bien
- *periculum, i,* n. : essai, danger
- *judicium, ii,* n. : procès, jugement
- *egestas, atis,* f. : pauvreté
- *conjuratio, onis,* f. : conjuration
- *patefacio, is, ere, feci, factum* : ouvrir, révéler, faire connaître

## EXERCICES

### 1. *Mettre au cas demandé et traduire*

Illud genus (Abl. sg) ..........................................................................................

Hoc ingenium (G. sg.) ..................................................................................... ...

Iste vir (Acc. sg.) ..............................................................................................

Ille dux (N. pl.) ................................................................................................

Hic juvenis (Abl. pl.) .........................................................................................

Illa gens (G. pl.) ...............................................................................................

### 2. *Remplacer le nom souligné par un démonstratif*

<u>Catilinae</u> injuriae ................... ; <u>Consul</u> Cicero rem publicam defendit ........................... ; multi nobiles juvenes <u>conjurationi</u> adfuerunt ..................... ; conjuratio <u>rei publicae</u> oberat ............. ; Romani civitatis salutem <u>consuli</u> commendant. ........................... ; Consul dicit : « <u>Consilium tuum</u> patefactum est » ..........................

### 3. *Traduire : Portrait de Catilina*

(1) Catilina, nobili genere natus, fuit magna vi et animi et corporis, sed ingenio malo pravoque. (2) Huic ab adulescentia bella intestina, caedes, rapinae, discordia civilis grata fuerunt, ibique juventutem suam exercuit.

..........................................................................................................................

..........................................................................................................................

..........................................................................................................................

Catilina s'adresse à ses conjurés :

« Itaque omnis gratia, honos, divitiae apud illos sunt aut ubi illi volunt ; nobis reliquerunt repulsas, pericula, judicia, egestatem. »

..........................................................................................................................

..........................................................................................................................

**Aide à la traduction**

*rapina, ae,* f. : vol, pillage ; *repulsa, ae* f. : échec d'une candidature, échec. Phrase (1) : *natus* a un cpl. ; il y a 2 abl. de qualité ; Phrase (2) *huic* est cpl. de *gratus* ; *volunt* : ils veulent

**CIVILISATION**

## L'affaire Catilina, signe de la crise de la fin de la République

Catilina, un personnage resté célèbre dans l'histoire de Rome parce qu'il a mis la République en péril dans une époque où elle est déjà extrêmement fragilisée. On a vu que la réforme des Gracques en 133 av. J.-C. a montré des failles dans la concorde civile ; elle entame une période de périls où les ambitions et la confrontation des partis vont conduire à la guerre civile.

Depuis 494 et la sécession de la plèbe, celle-ci avait acquis une place dans la vie politique avec les comices tributes, les tribuns de la plèbe et en 367, la loi qui exige que l'un des deux consuls soit un plébéien.

Désormais, la ***nobilitas*** va regrouper les familles qui comptent un consul dans leurs ancêtres, celui qui accède au consulat sans avoir eu un ancêtre consul est appelé ***homo novus***, c'est le cas de Cicéron et le pouvoir se partage entre trois groupes : la ***nobilitas***, ou parti sénatorial, les chevaliers (ordre équestre) qui sont puissants économiquement et le parti des ***populares*** représenté par les tribuns de la plèbe.

Et Catilina ? C'est un noble ruiné et débauché qui, poussé par les ***populares***, dont César et Crassus, prétend au consulat pour l'année 63, mais il est battu par Cicéron, et pour l'année 62, mais c'est un échec. Avec ses complices, il décide de s'emparer du pouvoir par la force. Il a une armée en Etrurie : il projette un soulèvement et l'incendie de Rome. Cicéron en appelle à tous les ***viri boni***. La conjuration est éventée, Cicéron qui est consul, prononce au Sénat les *Catilinaires* qui commencent ainsi :

*« Quo usque tandem abutere, Catilina, patientia nostra ? »* « Jusques à quand enfin, Catilina, abuseras-tu de notre patience ? ... »

Les complices de Catilina, et Catilina, furent exécutés. Cela valut à Cicéron le titre de ***pater patriae***, mais cela fut aussi un prétexte saisi par Clodius pour l'exiler en 58, au motif qu'il avait fait exécuter des citoyens romains sans procès.

- **PROVERBE**

*« O tempora ! O mores ! »* Ces mots de Cicéron traduisent bien ce dont l'affaire Catilina est le signe : une décadence morale et politique que décrit Salluste.

- ***Les pronoms relatifs***
- ***La proposition subordonnée relative***
- **Volo, nolo, malo**
- ***Expression de la défense***

## 1. *Déclinaison des pronoms relatifs*

| | Singulier | | | Pluriel | | |
|---|---|---|---|---|---|---|
| | **Masc.** | **Fém.** | **Neutre** | **Masc.** | **Fém.** | **Neutre** |
| **N.** | *qui* | *quae* | *quod* | *qui* | *quae* | *quae* |
| **Acc.** | *quem* | *quam* | *quod* | *quos* | *quas* | *quae* |
| **G.** | *cujus* | *cujus* | *cujus* | *quorum* | *quarum* | *quorum* |
| **D.** | *cui* | *cui* | *cui* | *quibus* | *quibus* | *quibus* |
| **Abl.** | *quo* | *qua* | *quo* | *quibus* | *quibus* | *quibus* |

- Les adverbes *ubi,* où, *quo,* où, *unde,* d'où, *qua*, par où, peuvent servir de relatif.
- Le relatif s'accorde en genre et ne nombre avec son antécédent et se met au cas voulu par sa fonction dans la proposition relative.

➥ *Vir qui venit.* L'homme qui vient

➥ *Puellae quae ludunt.* Les jeunes filles qui jouent

➥ *Id quod dicis.* Ce que tu dis

- *Is, ea, id* est souvent l'antécédent du pronom relatif.

➥ *Audio ea quae dicis.* J'entends les paroles que tu dis.

➥ *Ea verba audio quae dicis.* J'entends les paroles que tu dis.

- Le pronom antécédent est souvent omis :

➥ *Age quod agis.* Fais ce que tu fais.

➥ *Qui bene amat bene castigat.* Qui aime bien châtie bien.

- L'antécédent est parfois « attiré » dans la relative : il est au même cas que le relatif, il est remplacé dans la principale par un pronom, souvent *is.*

➥ *Quam scripsisti epistulam, ea mihi fuit jucundissima > Epistula quam scripsisti mihi fuit jucundissima.* La lettre que tu m'as écrite m'a été très agréable.

## 2. Le relatif de liaison : le pronom relatif peut parfois lier deux phrases. Il est l'équivalent du pronom is, ea, id + une conjonction de coordination.

➥ *Cicero epistulas ad familiares scripsit. Quas etiam nunc legimus.*

Cicéron a écrit des lettres à ses familiers. Et nous les lisons aujourd'hui encore.

« *Quas* » représente « *epistulas* »

## 3. Les verbes irréguliers volo, nolo, malo

- *volo, vis, velle, volui* vouloir
- *nolo, non vis, nolle, nolui* ne pas vouloir
- *malo mavis, malle, malui* préférer

⇨ Irréguliers au présent et à l'infinitif ; ailleurs conj. de *mitto*.

| | je veux | je ne veux pas | je préfère |
|---|---|---|---|
| **Présent** | *volo*<br>*vis*<br>*vult*<br>*volumus*<br>*vultis*<br>*volunt* | *nolo*<br>*non vis*<br>*non vult*<br>*nolumus*<br>*non vultis*<br>*nolunt* | *malo*<br>*mavis*<br>*mavult*<br>*malumus*<br>*mavultis*<br>*malunt* |
| **Imparfait** | *volebam...* | *nolebam...* | *malebam...* |
| **Futur** | *volam, es, et ...* | *nolam, es, et ...* | *malam, es, et ...* |

Le parfait, le plus-que-parfait se conjuguent régulièrement sur *volui, nolui, malui.*

Participe présent : *volens, -entis* ; *nolens, -entis.* Malo n'en a pas.

## 4. Expression de la défense

L'impératif présent de *nolo* : *noli, nolite* + **infinitif** permet l'expression de la défense.

➥ *Noli existimare*, garde-toi de croire.

## Vocabulaire

- *ut libet* : comme il plaît, à son gré
- *cogo, is, ere, coegi, coactum* : rassembler, réunir ; pousser, contraindre
- *suadeo, is, ere, suasi, suasum* : conseiller, engager à
- *omitto, is, ere, misi, missum* : laisser aller, renoncer à
- *domo, ere, ui, itum* : dompter, subjuguer
- *barbarus, a, um* : barbare
- *existimo, as, are, avi, atum* : juger, penser
- *palam* : ouvertement, au grand jour
- *paro, as, are, avi, atum* : préparer, procurer, acquérir
- *verus, a, um* : vrai, réel
- *tango, ere, tetigi, tactum* : toucher
- *immanitas, atis* f. : férocité, barbarie
- *abundo, as, are* + abl. : avoir en abondance

## Exercices

### 1. *Transformer la seconde phrase en proposition relative*

Dei mortalibus adsunt. Dei mortalium preces audiunt.

..............................................................................................................................

Familiae salutem amico commendat. Amicus optimus vir est.

..............................................................................................................................

Juvenes ut libet vitam agere volunt. Majorum usus tamen juvenibus prodesse potest.

..............................................................................................................................

Huic juventuti honos deest ; honos apud inimicos est.

..............................................................................................................................

### 2. *Compléter par le relatif qui convient*

Conjurationis dux malos pravosque homines coegit ............ egestas inopiaque res novas suaserunt.

Cicerone consule palam fuit consilium ........... Catilina parabat.

Cato orationem habuit in ............... sententiam suam dixit.

### 3. *Traduire les formes verbales*

Volent .................... ; noluerunt.......................... ; nolens ........

voluisti .................. ; mavultis ........................ ; noluisse.......

malam .................... ; noluerat ......................... ; vult ...........

## 4. *Traduire*

- Nolite existimare majores nostros armis rem publicam ex parva magnam fecisse (Salluste, *La Conjuration de Catilina*, LII, 19)

.......................................................................................................................

.......................................................................................................................

**Aide à la traduction**

*Ex parva re publica magnam rem publicam*

- Cicéron s'adresse à César et fait un éloge inattendu de la part d'un ennemi :

Domuisti gentes immanitate barbaras, multitudine innumerabiles°, locis infinitas°, omni copiarum genere abundantes (Cicéron, Pro Marcello).

.......................................................................................................................

.......................................................................................................................

**Aide à la traduction**

*gentes* a 4 adj. épithètes qui ont chacun un cpl. à l'ablatif.

Civilisation

## L'ambition de César en Gaule

Lorsqu'en 59 av. J.-C. César devient proconsul de Gaule Cisalpine et des établissements romains de l'Illyrie et de Gaule transalpine sur proposition du Sénat, il a déjà une carrière politique derrière lui : questure, édilité, préture, propréture en Espagne, et en outre le soutien secret à la Conjuration de Catilina et l'entente secrète avec Crassus et Pompée contre le parti sénatorial pour se partager le pouvoir (c'est le Triumvirat). Ces deux éléments témoignent de l'ambition de César : il veut devenir le seul maître à Rome.

La *lex Vatinia* qui lui a attribué le proconsulat lui a aussi accordé de l'argent et quatre légions, les moyens d'une campagne. Dès lors, César cherche un *casus belli*, pour entrer en guerre.

Pourquoi s'intéresser à la Gaule celtique ?

Les conquêtes romaines se sont surtout faites en Méditerranée orientale, il y a un espace à conquérir en Europe occidentale, c'était aussi le rêve d'Alexandre. Le pays des Celtes est réputé riche par l'agriculture et les mines, mais en 58 av. J.-C., c'est une *terra incognita* pour les Romains, de quoi nourrir le rêve d'un conquérant.

Depuis quelques années, les Germains cherchent à traverser le Rhin. Leur chef Arioviste a envoyé des mercenaires pour soutenir une guerre entre deux peuples gaulois, Séquanes et Héduens. Il faut défendre la Narbonnaise ! Les Helvètes, sous la poussée des Germains, se réfugient en Gaule : occasion faite à César qui intervient. Les Gaulois lui demandent ensuite sa protection contre Arioviste. En réalité, sous couvert de protéger la Gaule, et plus spécialement les Héduens qu'il s'est aliénés, et mettant à profit les divisions entre les différents peuples, César soumet la Celtique entre 58 et 51 où elle devient une province romaine.

En 49, César peut franchir le Rubicon, rompre ainsi avec Pompée et entrer dans la lutte pour le pouvoir, assurée par cette conquête qui lui a acquis forces militaires et richesses.

Outre cela, il nous livre ses *Commentarii de Bello Gallico,* récit à chaud de sa campagne, qui est aussi une description unique et remarquable de la Gaule et des Gaulois.

Leçon 18

# ▪ L'interrogation directe (I) : les particules de l'interrogation
# ▪ Les compléments circonstanciels de manière, de cause

## 1. L'interrogation totale et ses particules interrogatives

Dans l'interrogation totale, la question porte sur l'ensemble de la phrase on attend une réponse par « oui » ou par « non ». En latin, on emploie :

- *-ne* : est-ce que ? mot enclitique, qui se soude au mot principal de l'interrogation.
  - ➡ *Venitne frater tuus ?* est-ce qu'il est venu, ton frère ?
  - ➡ *Fraterne tuus venit ?* est-ce ton frère qui est venu ?
  - ➡ *Tuusne frater venit ?* est-ce ton frère à toi qui est venu ?
- *nonne ?* est-ce que ... ne ... pas ? réponse attendue : « si »
- *num ?* est-ce que par hasard ? on attend la réponse « non »
  - ➡ *Num insanis ?* est-ce que tu es fou ?

**Interrogation double**

- *utrum ... an ?, -ne ... an ?* est-ce que .... ou ?
- *utrum ... annon ? / necne ?* est-ce que ... ou non ?
  - ➡ *Utrum venis annon ?* est-ce que tu viens ou non ?

## 2. Comment répondre par « oui » ou par « non » ?

- Réponse « oui » : *etiam, ita, sic, vero.*
- Réponse « non » : *non, minime,* pas du tout.

Mais le latin préfère :

- ➡ Q > *Nonne verum est ?* n'est-il pas vrai ?
- ➡ R > *Est.* Il l'est. *Non est.* Il ne l'est pas
- ➡ Q > *Venisne ?* viens-tu ?
- ➡ R > *Venio.* Je viens. *Non venio.* Je ne viens pas.

➥ Q > *Fraterne tuus venit ?* est-ce ton frère qui est venu ?

➥ R > *Frater.* Oui, c'est mon frère. *Non frater.* Non, pas mon frère.

## 3. Le complément circonstanciel de manière

- Il répond à la question *quomodo ?* comment ?
- Il est le plus souvent à l'ablatif sans préposition : ➥ *Magna voce clamat*, il crie d'une voix forte.

➥ *More majorum agit*, il agit selon la coutume des ancêtres.

➥ *Jure id fecit*, il l'a fait à bon droit.

On peut avoir *cum* + abl. : *cum cura*, avec soin.

Le latin emploie aussi les **adverbes de manière.**

### *Formation des adverbes de manière*

- À partir des adjectifs de la 1re classe : radical + suffixe ***-e***

➥ *doctus* > *docte*, savamment

> **Remarque**
>
> *bonus* > *bene*, bien ; *propinquus* > *prope*, près

- À partir des adjectifs de la 2e classe : radical + suffixe ***-iter***

➥ *fortis* > *fortiter*, courageusement

- Pour les adjectifs en ***-ens***, suffixe ***-ter***

➥ *prudens* > *prudenter*, avec science

| | **Comparatifs** | **Superlatifs** |
|---|---|---|
| *Docte* | *doctius* | *doctissime* |
| Savamment | plus, assez, trop savamment | le plus, très savamment |
| *bene*, bien | *melius*, mieux | *optime*, très bien |

## 4. Le complément circonstanciel de cause

- Question : *cur ? quare ?*, pourquoi ?
- Ablatif sans préposition : *Fame interiit*, il est mort de faim
- Le plus souvent avec une préposition :
  - *ob*, *propter* + acc. : « à cause de »
  - *ex*, *de* + abl. : « par suite de »

## Vocabulaire

- *regno, as, are, avi, atum* : régner
- *intercursus*, abl. *–u*, m. : action de se mettre en travers
- *matrona, ae*, f. : mère de famille, femme
- *acies, ei*, f. : pointe, vivacité, ligne de bataille
- *aurum, i*, n. : l'or
- *fortiter*, adv. : avec force, courageusement
- *modus, i*, m. : mesure, modération, manière
- *pax, pacis*, f. : la paix
- *tango, is, ere, tetigi, tactum* : toucher
- *redimo, is, ere, emi, emptum* : racheter
- *confero, fers, ferre, -tuli, collatum* : réunir, rassembler
- *pecunia, ae* f. : bien, richesse, argent
- *vidua, ae*, f. : veuve
- *adjuvo, as, are, juvi, jutum* : aider
- *aerarium, ii*, n. : trésor public (au temple de Saturne)
- *suaviter*, adv. : avec douceur
- *medius, a, um* : qui est au milieu,
- *medium, ii*, n. : le milieu

## Exercices

### I. Traduire les questions et répondre

Credisne istius verba ?

........................................................................................................................

Num divites beati sunt ?

........................................................................................................................

Nonne Romani semper fortiter bellum gesserunt ?

........................................................................................................................

Nonne servi libertatem redimere poterant ?

........................................................................................................................

Num opportet civem rei publicae inimicos adjuvare ?

........................................................................................................................

Utrum vir egregio ingenio erat annon ?

........................................................................................................................

## 2. *Souligner les compléments de cause ou de manière*

Cato vult mulieres more majorum agere. ...................... Bonus orator suaviter suadet ................................ Propter periculum consulis actio fortis est. ............................ Nobili modo egit. ............... Matronae jure in foro conveniunt. Orator optime verba facit. Dominus fundum suum magna cura colit......................... Ob eam rem abiit ..................................

## 3. *À propos de la loi Oppia, manifestations publiques des femmes romaines : traduire*

Regnante Romulo, cum, Capitolio ab Sabinis capto, medio in foro pugnabatur, nonne intercursu matronarum inter acies duas proelium sedatum est ?

..........................................................................................................

..........................................................................................................

Jam urbe capta a Gallis, nonne matronae aurum quo redempta urbs est in publicum contulerunt ?

..........................................................................................................

..........................................................................................................

Proximo bello, nonne, cum pecunia opus fuit, viduarum pecuniae adjuverunt aerarium ?

..........................................................................................................

..........................................................................................................

D'après Tite-Live, *Ab Urbe condita*, XXXIV, 5. Discours de L. Valérius

**Aide à la traduction**

*pugnabatur* : on combattait ; *sedatum est* : a été arrêté *Capitolium, ii* : Le Capitole ; *Sabini, orum*, m. : les Sabins ; *Galli, orum* : les Gaulois

# Proverbes et paroles

*Noli me tangere*, parole du Christ apparu à la Résurrection.

..........................................................................................................

*Fortiter in re suaviter in modo.* ..........................................................................................

« *Varium et mutabile semper/ femina* » (Virgile, *Enéide*, IV, v. 569-70). « La femme incessamment varie et change »

**Civilisation**

## La femme romaine. Quelques figures exemplaires

Une fête religieuse est spécialement dédiée aux mères de famille (les *matronae*) les *Matronalia*, fête de Junon dite *Lucine*. La fête avait lieu le 1er mars, commencement de l'année : les Romains voulaient ainsi que les premières fêtes honorent la déesse qui personnifiait la mère de famille, essentielle pour la prospérité de l'État. La fête commençait au bois sacré, *Lucus*, du sanctuaire de Junon sur l'Esquilin et s'achevait dans les maisons par l'honneur rendu à la mère de famille. On associe à cette fête le souvenir des Sabines qui ont donné une postérité aux premiers Romains. La femme romaine est intimement liée à Junon comme le montre cette réplique de Plaute « Hé, ma Junon, il ne convient pas à ton Jupiter que tu sois si triste. »

Pas de gynécée pour la femme romaine, qui est occupée à filer et à tisser avec ses esclaves, à administrer la maison, à élever ses enfants. Elle conseille son mari dans ses affaires, participe à des repas solennels, aux spectacles.

La vertu la plus haute chez une femme est la *pudor*, la *pudicitia*, illustrée par Lucrèce, digne épouse de Tarquin Collatin qui s'est donnée la mort pour avoir été violentée par un fils de Tarquin le Superbe.

Autre figure exemplaire, celle de Clélie, prisonnière des Étrusques, qui, par son courage, traversant le Tibre à la nage, s'est enfuie avec les femmes. L'ennemi étrusque, admiratif de son exploit et fléchi par sa *virtus*, lui rendit ensuite tous les enfants otages.

Cornélie, la mère des Gracques, incarne une autre vertu de la femme romaine, elle est l'idéal de l'amour maternel. Devenue veuve, elle fut demandée en mariage par le roi d'Égypte Ptolémée VII, qui lui offrait ainsi ses richesses. Elle refusa, disant que ses enfants étaient sa véritable richesse. Pline l'Ancien rappelle qu'elle avait sa statue à Rome.

Leçon 19

# L'interrogation directe (2)
# Les pronoms-adjectifs, les adverbes interrogatifs et exclamatifs
# Les particules de l'interrogation.
# Pronoms indéfinis : nemo, nihil, quisquam, ullus, a, um

## 1. Adjectifs et pronoms interrogatifs

On les emploie quand l'interrogation porte sur un élément de la phrase.

Pour l'adjectif interrogatif ***qui, quae, quod ?*** quel ? : cf. tableau de déclinaison du pronom relatif, leçon 17.

**Remarque**

On peut aussi avoir la forme ***quis*** pour **qui** : ***quis*** interroge sur l'identité, **qui** sur la qualité.

➥ *Quis miles venit ?* quel est le nom du soldat qui est venu ?

➥ *Qui miles venit ?* quel genre de soldat est celui qui est venu ?

**Déclinaison du pronom interrogatif :**
quis, quae, quid ? qui ?, lequel ?, que ?

| Masc. sg. | Fém. sg. | Neutre sg. |
|---|---|---|
| **quis** | quae | **quid** |
| quem | quam | **quid** |

Pour le reste, la déclinaison est la même que celle du pronom relatif.

➥ *Quis venit ?* Qui est venu ?

➥ *Quid dicis ?* Que dis-tu ?

Autres adjectifs interrogatifs :

- *uter, utra, utrum ?* lequel des deux ? *uter nostrum ?* qui de nous deux ?
- *qualis, e ? quel ?* de quelle qualité ?

- *quantus, a, um ?* quel ? de quelle grandeur ?
- *quot ?* (indéclinable) combien nombreux ? combien ?

## 2. Adjectifs exclamatifs

- *qui, quae, quod* : quel !
- *qualis, e* : quel ! en quel état !
- *quantus, a, um* : quel grand ! combien grand !
- *quot* : combien nombreux ! combien de !

➥ *Quantum adiit periculum !* quel grand danger il a affronté !

## 3. Adverbes interrogatifs ou exclamatifs

- *ubi, quo, unde, qua* : où ? d'où ? par où ?
- *quando ?* : quand ?
- *quamdiu ?* : combien de temps ?
- *quomodo ? quemadmodum ?* : comment ?
- *cur ? quare ?* : pourquoi ?
- *quam* (+ adj ou adv.) : combien ! comme ! que !

## 4. Le complément circonstanciel de moyen : ablatif sans préposition

➥ *Ferire gladio* : frapper avec une épée

➥ *Pedibus ire* : aller à pied

## 5. Les pronoms indéfinis nemo, nihil, quisquam, ullus, a, um

- *nemo* (masculin) : personne... ne
- *nihil* (neutre) : rien... ne

Déclinaison incomplète : on remplace par *nullus / nulla res*

| | | |
|---|---|---|
| N | ***nemo*** | ***nihil*** |
| Acc | ***neminem*** | ***nihil****/ nullam rem* |
| G | *nullius* | *nullius rei* |
| D | ***nemini*** | *nulli rei* |
| Abl | *nullo* | *nulla re* |

*Nihil* : à l'accusatif, on emploie *nihil* sans préposition, *nullam rem* avec une préposition

Pronom *quisquam, –, quidquam (quicquam)* — Adj. *ullus, a, um,*

quelqu'un, quelque chose, — quelque

se décline comme *quis* interrogatif — se décline comme *nullus.*

On emploie *quisquam* et *ullus* dans la coordination négative.

**Remarque**

En latin, on n'écrit pas *et* + un mot négatif, mais *nec / neque* + un mot de sens positif :

➥ *Abierunt nec ullus rediit* : ils partirent et aucun ne revint.

On emploie aussi ces indéfinis quand il y a déjà un autre mot de sens négatif dans la phrase :

➥ *Nemo quicquam habet facti* (Sénèque) : « Personne n'a rien d'achevé. »

## Vocabulaire

- *incipio, is, ere, cepi, ceptum* : commencer
- *procul* : au loin
- *insignis, e* : remarquable, singulier
- *ramus, i,* m. : rameau, branche
- *saeculum, i* n. : le siècle
- *sacer, cra, crum* : sacré (aussi fig.)
- *nosco, is, ere, novi, notum* : apprendre à connaître, reconnaître
- *fundo, as, are, avi, atum* : fonder
- *oliva, ae,* f. : l'olivier
- *divus, i* m. : dieu, divinité

## Exercices

### I. Écrire pour chaque groupe souligné le mot interrogatif correspondant

Romulo regnante, matronae medium in forum venerunt. (2)

..................................................

Matronae improbae legi fortiter oberant. (2)

..................................................

Caesaris adventu hostes proelium committunt. ..................

Milites clamorem tollunt quia proelium incipit. ..................

Illo tempore Romani more majorum vivebant. ..................

Milites qui in acie fortiter pugnant non fugiunt. ..................

Multi cives Ciceroni gratias agunt. ..................

## 2. *Traduire*

Je ne vois personne ........................................

Il n'obéit à personne ........................................

Il ne s'oppose à rien ........................................

Il n'espère l'arrivée de personne. ........................................

## 3. *Traduire*

Quam pulchra Urbs erat ! ........................................

Quot et quanti viri in rebus Romanis ! ........................................

Quae sollicitudo eum conficit ! ........................................

Quanta arte orationem habuit ! ........................................

## 4. *Lire la page suivante avant de traduire ces vers*

Quis procul ille autem ramis insignis olivae
sacra ferens ? Nosco crines incanaque menta
regis Romani, primus qui legibus urbem
fundabit.

Virgile, *Enéide*, VI 808-811

........................................

........................................

........................................

........................................

**Aide à la traduction**

*incanum mentum* : le menton blanc > la barbe blanche, on a un pluriel poétique ; supposer *Quis < est > ille...*

Hic vir, hic est, tibi quem promitti saepius audis,
Augustus Caesar, Divi genus, aurea condet
saecula ...

Virgile, *Énéide*, VI 791-793

**Aide à la traduction**

*(quem) tibi promitti audis*, « tu entends qu'il t'est promis »

........................................

........................................

........................................

**Civilisation**

### La réécriture augustéenne de l'histoire

Au livre VI de *L'Énéide*, Enée est descendu aux Enfers et son vieux père Anchise lui montre toute sa descendance romaine :

> « Maintenant, tourne les yeux de ce côté, vois cette nation, ce sont tes Romains » (v. 788-789)

Suit alors la galerie des portraits des héros romains.

Cette statue d'Auguste, dite de Prima Porta, montre Auguste en *imperator*. Il porte une cuirasse, représentant la restitution des enseignes romaines par les Parthes : la Terre, le Ciel, Apollon et Artémis assistent à la scène.

Le petit Amour au pied d'Auguste évoque Vénus, dont la *gens Julia* prétend descendre.

Elle signifie le caractère universel de la paix augustéenne et identifie Auguste à un nouvel Enée.

# ▪ La conjugaison du passif et des verbes déponents à l'indicatif et à l'infinitif (Infectum)

Le latin a trois voix :

- active : le sujet fait l'action, ou est dans un certain état ;
- passive : le sujet subit l'action ;
- déponente : le sujet fait l'action, mais le verbe se conjugue comme à la voix passive.

## I. La voix passive : indicatif présent, imparfait et futur

| | | | | | | |
|---|---|---|---|---|---|---|
| Terminaisons actives | ***-m*** /***-o*** | ***-s*** | ***-t*** | ***-mus*** | ***-tis*** | ***-nt*** |
| Terminaisons passives | ***-r*** /***-or*** | ***-ris*** | ***-tur*** | ***-mur*** | ***-mini*** | ***-ntur*** |

Au présent (rare), à l'imparfait et au futur, à la 2^e^ personne du singulier, on peut trouver une terminaison en -re : *ama**ris** / (ama**re**) ; amaba**ris** / amaba**re** ; amabe**ris** / amabe**re**.*

Présent

| | | | | |
|---|---|---|---|---|
| **1** | je suis aimé | *amor*<br>*amamur* | *amaris*<br>*amamini* | *amatur*<br>*amantur* |
| **2** | je suis averti | *moneor*<br>*monemur* | *moneris*<br>*monemini* | *monetur*<br>*monentur* |
| **3** | je suis envoyé | *mittor*<br>*mittimur* | *mitteris*<br>*mittimini* | *mittitur*<br>*mittuntur* |
| **3** | je suis pris | *capior*<br>*capimur* | *caperis*<br>*capimini* | *capitur*<br>*capiuntur* |
| **4** | je suis entendu | *audior*<br>*audimur* | *audiris*<br>*audimini* | *auditur*<br>*audiuntur* |
| **Fero** | je suis porté | *feror*<br>*ferimur* | *ferris*<br>*ferimini* | *fertur*<br>*feruntur* |

Imparfait

| | | | | |
|---|---|---|---|---|
| **1** | j'étais aimé | *amabar*<br>*amabamur* | *amabaris*<br>*amabamini* | *amabatur*<br>*amabantur* |
| **2** | j'étais averti | *monebar* ... | | |
| **3** | j'étais envoyé | *mittebar* ... | | |
| **3** | j'étais pris | *capiebar...* | | |
| **4** | j'étais entendu | *audiebar* ... | | |
| **Fero** | j'étais porté | *ferebar* ... | | |

Les verbes des conjugaisons 2, 3, 4 et *fero* se conjuguent sur *amabar.*

Futur

| | | | | |
|---|---|---|---|---|
| **1** | je serai aimé | *amabor*<br>*amabimur* | *amaberis*<br>*amabimini* | *amabitur*<br>*amabuntur* |
| **2** | je serai averti | *monebor* | *moneberis* | *monebitur* ... |
| **3** | je serai envoyé | *mittar*<br>*mittemur* | *mitteris*<br>*mittemini* | *mittetur*<br>*mittentur* |
| **3** | je serai pris | *capiar* | *capieris* | *capietur* ... |
| **4** | je serai entendu | *audiar* | *audieris* | *audietur* ... |
| **Fero** | je serai porté | *ferar* | *fereris* | *feretur* ... |

Les personnes du pluriel se conjuguent ainsi : pour la 2e conjugaison, modèle *amor.* Pour la 3e, la 4e et *fero*, modèle *mittor.*

Infinitif présent

| | | | | | |
|---|---|---|---|---|---|
| *amari* | *moneri* | *mitti* | *capi* | *audiri* | *ferri* |
| être aimé | être averti | être envoyé | être pris | être entendu | être porté |

## 2. *Les verbes déponents*

Ce sont des verbes qui se conjuguent sur le modèle des conjugaisons passives mais qui ont un sens actif.

| Conj. | modèles | VP |
|---|---|---|
| 1re | *imitor, aris, ari, atus sum* : imiter | *amor* |
| 2e | *vereor, eris, eri, veritus sum* : craindre, respecter | *moneor* |
| 3e | *utor, uteris, uti, usus sum* : se servir de + abl. | *mittor* |
| 3e mixte | *patior, pateris, pati, passus sum* : souffrir, permettre | *capior* |
| 4e | *experior, iris, iri, expertus sum* : essayer, éprouver | *audior* |

➥ Pour la conjugaison complète, voir les tableaux à la fin du livre.

## Vocabulaire

- *loquor, eris, loqui, locutus sum* : parler
- *sequor, eris, sequi, secutus sum* : suivre
- *miror, aris, ari, atus sum* : s'étonner, admirer
- *hortor, aris, ari, atus sum* : exhorter à (*ad*)
- *polliceor, eris, eri, itus sum* : promettre
- *usque* (adv.) : sans interruption
- *pectus, oris*, n. : poitrine, cœur
- *satio, as, are, avi, atum* : rassasier, satisfaire ; lasser
- *cedo, is, ere, cessi, cessum* : I. aller, marcher, s'avancer ; II. céder à
- *nego, as, are, avi, atum* : I. dire non, opposer un refus à qn ; II. dire que ...ne ... pas
- *nisi* : si ... ne ...pas
- *nimium* : trop
- *gaudium, ii*, n. : joie ; volupté

## Exercices

### 1. Traduire les formes suivantes

datur .............................. rogabantur ................................
tibi videtur ........................ docebitur ................................
rapieris ........................... credimur ................................
mirabimur ......................... loquitur .................................
loquetur ........................... sequi ....................................
dari ................................ dicetur ..................................
vocari .............................. docebuntur ..............................

### 2. Traduire en latin

vous essaierez ........................... il sera lu ............................
nous étions aidés ........................... il ne sera pas cru .................
vous promettiez ........................... tu utiliseras ........................
vous admirez .............................nous parlions ......................

### 3. Version : Parler d'amour à Rome

Improbe Amor, quid non mortalia pectora cogis ? (Virgile, *Enéide*, IV, v. 412)

..........................................................................................................................

Omnia vincit Amor ; et nos cedamus Amori. (Virgile, *Bucoliques*, X)

..........................................................................................................................

*Ad Gallam* (Martial, *Épigrammes*, IV)

Galla, nega : satiatur amor nisi gaudia torquent :
sed noli nimium, Galla, negare diu.

..............................................................................................................

..............................................................................................................

..............................................................................................................

*Ad Lesbiam* (Catulle, *Poèmes*)

Vivamus mea Lesbia, atque amemus [...]
Da mi basia mille, deinde centum,
Deinde usque altera mille, deinde centum [...]

..............................................................................................................

..............................................................................................................

..............................................................................................................

**Aide à la traduction**

*improbus* : démesuré, qui ne laisse pas de répit ; *quid* : accusatif de relation : à quoi ? ; *cedamus, vivamus, amemus* : subjonctif = impératif ; *mi* = *mihi* ; *basium, ii*, n. : baiser ; *torqueo, es, ere, torsi, tortum* : tordre, rouler

**CIVILISATION**

## L'AMOUR DANS LA LITTÉRATURE LATINE

Par son fondateur, Énée, le peuple romain est lié à la déesse Vénus, à *Venus Genetrix*, ce dont témoigne de manière très concrète le Temple de Vénus et de Rome, construit par Hadrien entre 121 et 137 apr. J.-C.

Toutefois, dans les premiers temps, le sentiment amoureux est peu présent dans la littérature latine et dans les comédies de Plaute et de Térence, l'amour est un péché de jeunesse : « Ce n'est pas un scandale pour un jeune homme que d'avoir des maîtresses » (Térence, *Les Adelphes*). Le plus souvent, la morale sévère du *mos majorum* ne permet pas l'expression de l'amour, et si la comédie *Les Adelphes* s'achève par des mariages, le sentiment amoureux n'y est pas exprimé, Micion épouse « une vieille édentée » !

Cependant, au Ier siècle avant J.-C., avec l'influence de la poésie hellénistique et celle des guerres civiles qui favorisent le repli sur soi, la poésie amoureuse connaît un essor remarquable : Catulle, Martial, Tibulle, Ovide, Horace, Properce et... Virgile. Toutes les gammes de la littérature amoureuse s'y jouent : élégies, épigrammes érotiques, idylles.

Le Chant IV de l'*Enéide* est consacré aux amours de Didon et Énée.

Pour préserver son fils dans sa halte à Carthage, Vénus a inspiré l'amour dans le cœur de Didon, « Elle brûle l'infortunée Didon... » Junon, hostile à la conquête de l'Italie par Enée, veut l'arrêter chez Didon : elle appelle un orage pour favoriser leur union : « Didon et le chef troyen arrivent à la même grotte ; la Terre et Junon-qui-favorise-les-noces donnent le premier signal ; des feux brillèrent dans l'éther complice de ces nœuds » (traduction Maurice Rat). Mais Jupiter rappelle Enée à son destin ; un jour, à l'aube, il appareille et quitte Carthage en secret : Didon s'abandonne à la mort.

Leçon 21

# La conjugaison du passif et des verbes déponents (Perfectum)
# Le passif impersonnel

## 1. Les temps du perfectum : voix passive et verbes déponents

On conjugue le parfait, le plus-que-parfait et le futur antérieur passif et déponent avec le participe parfait passif + auxiliaire *sum*

Le participe parfait s'accorde en genre et en nombre avec le sujet comme un attribut.

| | | | | | |
|---|---|---|---|---|---|
| **Parfait** | *amatus, a, um*<br>*amati, ae, a*<br>*imitatus, a, um*<br>*imitati, ae, a* | *sum,*<br>*sumus,*<br>*sum,*<br>*sumus,* | *es,*<br>*estis,*<br>*es,*<br>*estis,* | *est*<br>*sunt*<br>*est,*<br>*sunt* | j'ai été aimé, je fus aimé<br>j'eus été aimé<br>j'ai imité, j'imitai, j'eus imité |
| **Plus-que-parfait** | *amatus, a, um*<br>*amati, ae, a*<br>*imitatus, a, um*<br>*imitati, ae, a* | *eram,*<br>*eramus,*<br>*eram*<br>*eramus,* | *eras,*<br>*eratis,*<br>*eras,*<br>*eratis,* | *erat*<br>*erant*<br>*erat,*<br>*erant* | j'avais été aimé<br><br>j'avais imité |
| **Futur antérieur** | *amatus, a, um*<br>*amati, ae, a*<br>*imitatus, a, um*<br>*imitati, ae, a* | *ero,*<br>*erimus,*<br>*ero,*<br>*erimus,* | *eris,*<br>*eritis,*<br>*eris,*<br>*eritis,* | *erit*<br>*erunt*<br>*erit,*<br>*erunt* | j'aurai été aimé<br><br>j'imiterai |
| **Infinitif parfait** | *amatum, am, um / amatos, as, a esse*<br>*imitatum, am, um / imitatos, as, a esse* | | | | avoir été aimé<br>avoir imité |

➥ Les autres conjugaisons suivent le même modèle : cf. tableaux grammaticaux en fin de livre.

## 2. Particularités des verbes déponents

Ils ont certaines formes actives qui n'existent pas au passif :

- participe présent : imitans, *-antis* : imitant
- gérondif : *ad imitandum* : pour imiter
- supin : *imitatum* : pour imiter

- participe futur : *imitaturus, a, um* : sur le point d'imiter
- infinitif futur : *imitaturum, am, um esse* : être sur le point d'imiter

Il y a des verbes dits **semi-déponents** : conjugaison déponente seulement aux temps du perfectum :

- *audeo, es, ere, ausus sum* : oser
- *gaudeo, es, ere, gavisus sum* + abl. : se réjouir
- *soleo, es, ere, solitus sum* : avoir coutume

## 3. *Le passif personnel et le passif impersonnel*

Le passif personnel, c'est le passif conjugué à toutes les personnes sg. pl. Il n'existe que pour les verbes transitifs qui se construisent avec un accusatif à la voix active.

Le passif impersonnel est le passif employé à la 3e personne du singulier neutre sans sujet :

➥ *Ita statutum est* : il en a été décidé ainsi, *dicitur*, on dit.

Le passif impersonnel existe pour tous les verbes, transitifs ou intransitifs qui ont une forme passive (*sum, fio, volo, nolo, malo, soleo, memini, odi, aio, inquam* + les verbes impersonnels n'ont pas de forme passive). Il se traduit par « on ».

➥ *Pugnatur*, on combat ; *itur*, on va ; *pugnari potest*, on peut combattre ; *credo pugnari*, je crois qu'on combat

## 4. *Le verbe fio*

*Fio, fis, fieri, factus sum* : être fait, se faire, se produire

+ attribut : devenir, être créé (élu). ➥ *Ex agricola dictator fit*, de paysan il devient dictateur.

*Fit ut* + subj. : il arrive que

Conjugaison de audio, sauf inf. *fieri*. *Fio* sert de passif à *facio*.

## Vocabulaire

- *vaco, as, are, avi, atum* : être désert, inoccupé ; manquer de + abl. ; vaquer à + abl./ D.
- *timor, oris*, m. : la crainte
- *sollicito, as, are, avi, atum* : remuer, inquiéter
- *rumor, oris*, m. : bruit, nouvelle
- *libellus i*, m. : petit livre

- *satis*, adv. : assez, suffisamment
- *satius*, comp. de *satis* : préférable
- *tueor, eris, eri, tuitus sum* : regarder, veiller sur, protéger
- *sincerus, a, um* : pur, intact, naturel
- *rectus, a, um* : droit, simple, juste
- *dulcis, e* : doux
- *otium, ii*, n. : repos loin des affaires ; inaction ; loisir studieux
- *honestus, a, um* : honorable ; honnête ; noble
- *paene* : presque
- *negotium, ii*, n. : occupation, travail, affaire ; activité politique
- *aevum, i* n. : temps, âge, siècle

## Exercices

### 1. *Traduire en faisant attention à la terminaison du participe (genre et nombre)*

gavisae erant ..........

sollicitatum esse ..........

locutus est ..........

secutae sunt ..........

usi sunt ..........

scripta sunt ..........

confecti erunt ..........

pollicitae erant ..........

crediti estis ..........

dicta esse ..........

### 2. *Traduire*

on dit ..........

on a cru ..........

on combattait ..........

dici potest ..........

ventum erat ad urbem ..........

credo nuntiari ..........

## 3. *Version 1 : Pline dans sa villa des Laurentes*

[...] in Laurentino meo aut lego aliquid aut scribo aut etiam corpori vaco [...] Nulla spe, nullo timore sollicitor, nullis rumoribus inquietor° : mecum tantum et cum libellis loquor. O rectam sinceramque vitam ! O dulce otium honestumque ac paene omni negotio pulchrius ! [...] Satius est enim [...] otiosum esse quam nihil agere. Vale.

(Pline, *Lettres*, I, 9)

.................................................................................................................................

.................................................................................................................................

.................................................................................................................................

.................................................................................................................................

**Aide à la traduction**

*otiosus, a, um* : oisif, de loisir ; qui n'est pas pris par les affaires publiques ; *aliquid* : quelque chose

## 4. *Version 2*

Soli omnium otiosi sunt qui sapientiae vacant, soli vivunt ; nec enim suam tantum aetatem bene tuentur : omne aevum suo adjiciunt. (Sénèque, *De Brevitate vitae*)

.................................................................................................................................

.................................................................................................................................

## Proverbes

*Quam felix vita, quae sine negotiis transiit !* (Publius Syrius)

.................................................................................................................................

*Discordia fit carior concordia* (id.)

.................................................................................................................................

CIVILISATION

## L'OTIUM DES LETTRÉS

À mesure que croît la ville l'Urbs, les riches Romains apprécient de se retirer à la campagne loin des obligations de la ville que Pline décrit dans sa lettre I,9 : « J'ai assisté à une prise de toge virile, j'ai été invité à des fiançailles, à un mariage, un tel m'a demandé ma présence à la fermeture de son testament, un autre mon assistance devant le juge, un autre une consulation d'amis. »

La vie sociale à Rome tisse un réseau d'obligations : le riche Romain doit, comme *patronus*, recevoir ses clients (en quelque sorte ses protégés) tous les matins dans l'atrium : on lui demande une aide matérielle, ou un conseil, familial ou d'affaire et comme il a appris le droit, il se fait exposer la cause et répond.

Outre les affaires commerciales et les relations avec les banquiers sur le forum, il faut participer à la vie politique : il y a des élections tous les ans ! Souvent aussi, il faut assister aux audiences des tribunaux, sur le forum, pour soutenir les amis, et se rendre à la Curie, où la présence des sénateurs est obligatoire. Voilà ce qu'on appelle le *negotium*, mot formé de *nec otium*, l'absence de loisir, c'est le temps des affaires.

On comprend que Pline aspire au repos à la campagne ! Comme lui, les Romains cultivés aiment à se retirer dans leur *villa*, appelée *villa urbana* quand il s'agit d'une maison de plaisance installée à la campagne. Cicéron en a possédé jusqu'à neuf ! Sa villa de Tusculum, près de Rome, lui permettait le repos tout en restant à portée des affaires. C'était un véritable palais plein d'œuvres d'art. Ces villégiatures sont le lieu de l'*otium* vécu simplement par Martial :

*« Tu me demandes ce que je fais à la campagne : voici ma réponse en peu de mots : au point du jour, j'adresse aux dieux mes prières ; je visite mes champs, mes serviteurs, et j'assigne à chacun sa part de travail proportionnée. Ensuite je lis, j'invoque Apollon, je réveille ma muse. Puis je frotte mon corps d'huile et je me livre volontiers à l'exercice agréable de la palestre, le cœur gai et sans craindre l'usurier. Je dîne, je bois, je chante, je joue, je me baigne, je soupe, je me repose. À la faible lueur de ma petite lampe, c'est sous l'inspiration des Muses et de la nuit que j'écris ces vers. »* (Martial *Épigrammes*, Livre IV, 90).

- **CURIOSITÉ**

*liber, libri*, m. : livre. Le sens premier est concret : *liber*, écorce intérieure d'un arbre qui servait pour écrire.

# ▪ Le subjonctif actif
# ▪ Les subordonnées complétives

## 1. Conjugaison du subjonctif

Terminaisons : **-m -s -t -mus -tis -nt**

**Présent** : *sum* et ses composés voyelle **-i** : *sim* ; *possim*...

+ *volo, nolo, malo* : *velim*...

1re conj. voyelle **–e** : *amem*... que j'aime
autres conj. voyelle **–a** : *moneam*..., *mittam*..., *capiam*..., *audiam*..., *feram*..., *eam*...

**Imparfait** : infinitif présent + terminaisons **-m -s -t -mus -tis -nt**

*essem*..., que je fusse *possem*...,

*amarem*..., que j'aimasse, *monerem* ..., *mitterem*..., *caperem*..., *audirem*..., *ferrem*..., *irem*...

**Parfait** : radical du parfait + *erim*...
*fuerim*..., que j'aie été *potuerim*...,
*amaverim*..., que j'aie aimé, *monuerim*..., *miserim*..., *ceperim*..., *audiverim*..., *tulerim*..., *iverim*...

**Plus-que-parfait** : radical du parfait + *-issem*...
*fuissem*, que j'eusse été, *potuissem*...,
*amavissem*..., *monuissem*..., *misissem*..., *cepissem*..., *audivissem*..., *tulissem*..., *ivissem*...

➥ Cf. tableau complet à la fin

## 2. Valeurs du subjonctif

À l'origine le subjonctif exprime :

- la volonté ;
- une action possible, éventuelle, douteuse, non réalisée.

## 3. Les subordonnées complétives

Elles sont sujets, compléments d'objet, attributs de la principale.

### 1. *À l'indicatif*

- *quod* : le fait que, à savoir que, relativement au fait que

Emploi avec de nombreux verbes, en particulier : *accedit quod*, à cela s'ajoute que ; *praetereo quod*, je passe de côté le fait que ; *accidit quod*, il arrive que ; verbes de sentiment : *gaudeo quod*, je me réjouis que

### 2. *Au subjonctif*

- Après les verbes de souhait, volonté, prière, effort, décision :

| | |
|---|---|
| **ut** + subj. *que* | **ne** + subj., *que ... ne ... pas* |
| *Suadeo tibi ut legas*<br>Je te conseille de lire | *Suadeo tibi ne legas*<br>Je te conseille de ne pas lire |

**Volonté**

- *imperare alicui ut* : ordonner à qn de
- *suadere alicui ut*, conseiller à qn de
- *hortari aliquem ut* : exhorter qn à
- *monere aliquem ut* : avertir qn de

**Prière**

- *orare aliquem ut* : prier qn de
- *rogare aliquem ut* : demander à qn de
- *petere ab aliquo ut* : demander à qn de

**Effort**

- *facere, efficere ut* : faire en sorte que
- *curare ut* : prendre soin que
- *cavere ne* : prendre garde que

**Décision**

- *statuere, decernere ut* : décider que

◊ après les verbes exprimant un événement :

– *accidit, evenit, fit* ... : il arrive

| | |
|---|---|
| ***ut*** + subj. : que | ***ut non*** + subj. : que... ne... pas |

➡ *Fit ut non veniat.* Il arrive qu'il ne vienne pas

◊ après les verbes de crainte : *timeo, metuo* :

| | |
|---|---|
| ***ne*** + subj. : que | ***ne non*** + subj. : que... ne... pas |
| *Timeo ne veniat* | *Timeo ne non veniat* |
| Je crains qu'il ne vienne | Je crains qu'il ne vienne pas |

## Vocabulaire

- *impedio, is, ire, ivi, itum* : empêcher
- *muto, as, are, avi, atum* : changer
- *contemno, is, ere, tempsi, temptum* : mépriser
- *forsitan* : peut-être
- *valde* : fort, beaucoup
- *potestas, atis*, f. : pouvoir
- *alienus, a, um* : d'autrui, étranger
- *pono, is, ere, posui, positum* : placer
- *accido, is, ere, cidi,_* : tomber, arriver (événements)
- *discutio, is, ere, cussi, cussum* : fendre ; dissiper, écarter

## Exercices

### I. Traduire

Je me réjouis que tu viennes.

.......................................................................................................

Te oro ut ad me statim venias. (Cicéron)

.......................................................................................................

Cura ut valeas. (Cicéron ; formule finale de lettre)

.......................................................................................................

Fac modo ut venias (Cicéron)

.......................................................................................................

Haec legens non vereor ne memoriam perdam.

.......................................................................................................

Quod mulieres in forum venire ausae sunt, omnibus res nova visum erat.

.......................................................................................................

Non timeo, ne mutent te, timeo, ne impediant. (Sénèque, *Lettres à Lucilius*, IV, 32)

.......................................................................................................

Cum tam valde rogo, ut studeas, meum negotium ago. (Sénèque, IV, 35)

.......................................................................................................

Amicum tuum hortare*, ut istos magno animo contemnat... (Sénèque, IV, 36.)
(* = impératif)

.......................................................................................................

Exspectas forsitan ut tibi haec verba dicant. (Sénèque, *ibidem*)

.......................................................................................................

## 2. *Version : Sénèque, Lettres à Lucilius*

Ad summa pervenit, qui felicitatem suam in aliena potestate non posuit. [...] Hoc ante omnia fac, mi Lucili, disce gaudere. [...] Ad verum bonum specta et de tuo gaude. (III, 23).

..........................................................................................................................

..........................................................................................................................

..........................................................................................................................

**Aide à la traduction**

*felicitas, atis*, f. : bonheur, chance ; *summum, i*, n. : le sommet ; *hoc* : cpl de « *fac* » ; *fac* : impératif de *facio* ; *mi Lucili* : vocatif de « *meus Lucilius* » ; *tuo* < *tuus*.

Hoc tibi soli putas accidisse et admiraris quasi rem novam, quod peregrinatione tam longa [...] non discussisti tristitiam gravitatemque mentis ? Animum debes mutare non caelum. [...] Tecum fugis. [...] Sequentur te vitia. (III, 28).

..........................................................................................................................

..........................................................................................................................

..........................................................................................................................

..........................................................................................................................

**Aide à la traduction**

« *putas hoc tibi soli accidisse* » ; *soli* : D. de *solus* ; *admiraris* a 2 cpl. : un GN, une subordonnée.

**Civilisation** **Le stoïcisme**

La philosophie stoïcienne, née à Athènes à la fin du IVᵉ s., trouve en Sénèque une voix originale et sa version romaine. Dans les *Lettres à Lucilius*, Sénèque s'adresse à Lucilius, épicurien, pour le convertir.

Le stoïcisme imagine une physique du monde où « Dieu, souverainement grand et souverainement puissant est lui-même le support de cet univers. ». Il pense l'homme comme uni à cet univers.

Pour le sage, il s'agit d'accéder au souverain bien, voie du bonheur qui demande des exercices, « exercices spirituels », comme le dit Pierre Hadot, une ascèse. Il faut réduire l'appel des désirs et se rassembler en soi-même : « *de tuo gaude* », se débarrasser du superflu : « Réduis tes bagages. Rien de ce que nous avons n'est nécessaire. ». Il faut vivre selon la nature : « Du pain, de l'eau, voilà ce que la nature demande. », et ne se concentrer que sur ce qui dépend de soi seul : « Après t'avoir défendu le désir, je te permettrai le consentement », art de l'acceptation de ce qui est là. Aussi ne faut-il pas craindre la mort : il faut apprendre à « s'en aller d'un cœur paisible » (IV, 30).

Ce que vaut de conquérir le souverain bien ? « Tu n'es plus un suppliant ; tu deviens compagnon des dieux » (IV, 31). Le sage accomplit ainsi ce qui définit l'âme : « c'est un dieu qui s'est fait l'hôte d'un corps mortel. »

Courage, grandeur d'âme, discernement, tempérance : les grandes vertus du stoïcisme répondent à la vieille mentalité romaine.

Leçon 23

# ▪ Les emplois de l'infinitif
# ▪ Le gérondif et le supin

## 1. Les emplois de l'infinitif

a) L'infinitif employé comme nom peut être sujet, ➥ *errare humanum est*, se tromper est humain ;

attribut du sujet, ➥ « *Vivere militare est* » (Sénèque), « vivre c'est combattre »

ou COD, *debeo studere*, ➥ je dois étudier.

Il est sujet :

- avec des **verbes impersonnels** comme :
  ➥ *decet*, il convient ; licet, *il est permis* ; interest, *refert* : il importe ; *oportet* : il faut.
- avec des locutions composées de **esse** comme :
  ➥ *aequum est* : il est juste de...
  ➥ *melius est* : il vaut mieux
  ➥ *satis est* : il suffit de
  ➥ *satius est* : il est préférable de
  ➥ *opus est* : il est nécessaire de

Il est COD avec des verbes comme : *debeo*, je dois, *cupio*, je désire, *possum*, je peux, *scio*, je sais ...

L'infinitif peut servir à exprimer l'exclamation :

➥ *Tanta audacia agere !* agir avec une si grande audace !

b) L'infinitif employé comme verbe :

- dans la proposition infinitive : cf. leçon 15
- infinitif de narration (infinitif présent) : employé à la place d'un verbe à l'imparfait. Sujet au N.
  ➥ « *Interim cotidie Caesar Haeduos frumentum flagitare. Nam propter frigora frumenta in agris matura non erant* » (César, *BG*, I, 16). « Cependant César réclamait de manière pressante le blé aux Éduens. En effet à cause du froid, les blés n'étaient pas encore mûrs dans les campagnes. »

## 2. *Le gérondif et le supin*

Ils permettent d'employer une forme verbale, d'exprimer une action, à la place de l'infinitif.

### *Formation du gérondif*

- Radical du verbe avec voyelle ***-a***, 1re conj. / ***-e*** 2e 3e / ***-ie*** 3e m. 4e **+ *-ndum, -ndi, -ndo***
- Formes : (ad) *amandum, monendum, mittendum, capiendum, audiendum, ferendum, eundum*

| | **Infinitif** | **Gérondif** | **supin** |
|---|---|---|---|
| **N.** | *legere*, lire | >< | |
| **Acc -- prép.** | *legere*, lire | >< | *lectum*, pour lire |
| **Acc + prép.** | >< | (*ad*) *legendum*, pour lire | |
| **G.** | >< | *legendi*, de lire | |
| **D.** | >< | (*legendo*) peu usité | |
| **Abl.** | >< | *legendo*, en lisant | *lectu* à /de lire |

### *Emplois gérondif*

- Acc. *Te hortor ad fugiendum*, je t'exhorte à fuir
- G. *Tempus legendi*, le temps de lire *Cupidus legendi*, désireux de lire
- Abl. *Legendo disco*, j'apprends en lisant *Ex legendo voluptatem capere*, prendre plaisir à lire

### *Emplois supin*

- Acc. avec vb de mouvement : *Eo lusum*, je viens pour jouer
- Abl. : avec des adjectifs comme : *jucundus*, agréable ; *mirabilis*, admirable ; *turpis*, honteux ; *incredibilis*, incroyable ; *facilis*, facile ; *difficilis*, difficile ; *horribilis*, horrible ; *horridus*, effrayant. *Res mirabilis auditu*, chose admirable à entendre

## VOCABULAIRE

- *aes, aeris*, n. : airain, bronze, argent
- *aes alienum* : dette
- *onus, eris*, n. : charge, fardeau
- *solvo, is, ere, solvi, solutum* : délier, acquitter, résoudre
- *prosperus, a, um* : heureux
- *antepono, is, ere, posui, positum* : placer devant, préférer
- *aptus, a, um* :
  I. attaché, lié.
  II. propre, approprié à + D.
- *tantum*, adv. : seulement

- *induco, is, ere, duxi, ductum* : conduire dans, amener à
- *contineo, es, ere, tinui, tentum* : maintenir uni, embrasser, contenir
- *augeo, es, ere, auxi, auctum* : augmenter
- *consuetudo, inis*, f. : habitude, coutume ; liaison, intimité
- *benevolentia, ae*, f. : bienveillance, dévouement
- *secundus, a, um* : qui suit ; second ; propice, favorable
- *adversus, a, um* : qui est en face, qui est contraire, fâcheux
- *vel... vel* : ou ... ou
- *convenio, is, ire, veni, ventum* : venir ensemble, convenir
- *pactum, i* n. : traité, pacte ; *pacto = modo* *alio pacto* : d'une autre manière

## Exercices

### 1. *Écrire le gérondif des verbes :*

exeo, fugio, relinquo, miror

.......................................................................................................................

### 2. *Traduire*

L'orateur vient au forum pour parler

.......................................................................................................................

Le chef exerce ses soldats pour combattre.

.......................................................................................................................

Turpe est cedere oneri. (Sénèque, III, 22)

.......................................................................................................................

Pulchrum est bene facere rei publicae. (Salluste)

.......................................................................................................................

Il convient d'aider un ami malheureux.

.......................................................................................................................

Ars amandi (Ovide) .......................................................................................

L'orateur a l'art de bien parler.........................................................................

Il est préférable d'étudier plutôt que de ne rien faire.

.......................................................................................................................

Induxi te ad legendum (Phèdre, II, 10) ...........................................................

Hoc est discendi tempus (Sénèque IV, 36) .......................................................

Ad illud aes alienum solvendum opus est negotianti (D) navigatione° prospera (Abl.). (Sénèque, *ibid.*)

.........................................................................................................................

**Aide à la traduction**

*opus est* + D + abl, *opus est alicui aliqua re* : qn a besoin de qc ; *negotians, antis* : celui qui fait le négoce

## 3. *Version : Cicéron,* De Amicitia

Auxit benevolentiam consuetudo. ........................................................................

Ego vos hortari tantum possum, ut amicitiam omnibus rebus humanis anteponatis ; nihil enim tam naturae aptum [est], tam conveniens ad res vel secundas vel adversas. (V, 17)

.........................................................................................................................

.........................................................................................................................

.........................................................................................................................

Haec ipsa virtus amicitiam et gignit et continet nec sine virtute amicitia esse ullo pacto potest.

.........................................................................................................................

.........................................................................................................................

**Civilisation**

## Un fondement de la sagesse romaine : l'amitié

### ▪ Cicéron, *De amicitia*

L'amitié a une place importante dans les sociétés antiques, essentiellement masculines, où elle n'est pas seulement un lien privé : les relations sociales et politiques prennent aussi la forme de l'amitié. « L'amitié [...] est inhérente à la société romaine, elle semble bien fondée sur cette *pietas* qui unit les citoyens entre eux » (P. Grimal).

Avant d'être un sentiment, l'amitié est le lien qui tisse une société où la *fides* (fidélité) est essentielle, par exemple dans les associations politiques, dans l'échange de service mutuel entre le patron et son client, dans le rapport du maître et du disciple. Cicéron l'associe à la concorde pour montrer qu'elle fait tenir la société.

Qu'en dit le philosophe ?

L'amitié est un don des dieux et un élan naturel entre les hommes. Elle est essentielle à l'existence : « Quel profit tirerions-nous du bonheur si nous n'avions personne qui pût s'en réjouir aussi bien que nous ? »

L'amitié ne peut exister qu'entre gens de bien : « Puisque le lien d'amitié est né de l'estime qu'inspire la vertu, l'amitié ne peut guère subsister si l'on renonce à la vertu. » Pour Cicéron, l'amitié véritable est une émulation qui doit conduire au vrai bien. Pour Sénèque, il n'y a d'ami véritable que dans la sagesse partagée. (*Lettres à Lucilius*, IV)

### ▪ Proverbe

*« Socratis dictum. Vulgare amici nomen sed rara est fides »* (Phèdre, *Fables*). « Parole de Socrate. Le nom d'ami est commun, mais rare est l'amitié fidèle ».

LEÇON 24

# ▪ *L'adjectif verbal*
# ▪ *Le subjonctif dans les indépendantes et les principales*

## 1. *L'adjectif verbal d'obligation*

Il ressemble par sa forme au gérondif mais il est différent :

- le gérondif est une forme active qui complète la déclinaison de l'infinitif avec seulement 3 terminaisons -***ndum***, -***ndi***, -***ndo*** ;
- l'adjectif verbal est de sens passif. C'est un adjectif qui se décline et qui exprime l'obligation.

➥ Ex. : *amandus, a, um* : qui doit être aimé ; *imitandus, a, um* : qui doit être imité

L'adjectif verbal s'emploie le plus souvent comme attribut, avec éventuellement un complément au datif (datif d'intérêt).

➥ *Carthago delenda est* > Carthage est devant être détruite > Il faut détruire Carthage

➥ *Mihi exercenda est memoria.* Je dois exercer ma mémoire

▸ Au passif impersonnel, l'adjectif verbal est au neutre singulier. *Legendum est.* Il faut lire.
Il peut recevoir un cpl. au datif : *Omnibus discipulis legendum est.* Tous les élèves doivent lire.

## 2. *L'adjectif verbal remplace le gérondif*

Cela signifie qu'une forme déclinable remplace le gérondif en -***ndum***, -***ndi***, -***ndo*** quand le gérondif est accompagné d'un complément d'objet à l'accusatif. Dans ce cas, l'adjectif verbal n'est plus de sens passif et n'exprime plus l'obligation.

➥ *Tempus legend**i** histori**am*** > *Tempus legend**ae** histori**ae***

legend**i** — histori**am**
legend**ae** — histori**ae**

Les deux termes prennent le cas du gérondif et le genre et le nombre du complément.

➥ *Cupidus videndi urbem* > *cupidus videndae urbis*, désireux de voir la ville

| | | |
|---|---|---|
| **Acc.** | >< | *ad legendam historiam* |
| **G.** | *legendi historiam* | *legendae historiae* |
| **D.** | >< | *legendae historiae* |
| **Abl. sans prép.** | *legendo historiam* | *legenda historia* |
| **Abl. avec prép.** | >< | *ex legenda historia* |

L'emploi de l'adjectif verbal est obligatoire à l'accusatif, au datif, à l'ablatif avec prép.

## 3. L'emploi du subjonctif dans les indépendantes et les principales

- Subjonctif d'ordre et de défense : complète la conjugaison de l'impératif aux 1re et 3e personnes sg. et pl. :
  - ordre : *Abeamus* ! Partons !
  - défense : ***Ne*** + subj. présent : *Ne veniat !*
  - 2e personne : – *Noli* / *nolite* + inf.
    – ou ***ne*** + subj. parfait : *ne veneris !* ne viens pas !
- Subjonctif de souhait et de regret (négation *ne*)
  - souhait : subj. présent : *Utinam dives sim !* = Si seulement j'étais riche ! (un jour)
  - regret dans le présent : subj. imparfait : *Utinam dives essem !* = Si seulement j'étais riche ! (maintenant)
  - regret dans le passé : subj. plus-que-parfait : *Utinam dives fuissem !* = Si seulement j'avais été riche !
- Subjonctif délibératif : dans une phrase interrogative (négation **ne**)

➡ *Quid faciam ?* que faire ? que faut-il faire ?

➡ *Quid facerem ?* que pouvais-je faire ?

# Vocabulaire

- *eligo, is, ere, legi, lectum* : choisir
- *persuasio, onis*, f. : persuasion, croyance
- *nascor, sceris, sci, natus sum* : naître
- *felix, icis* : fécond, heureux
- *utilis, e* : utile
- *peccatum, i* n. : faute ; péché
- *depono, is, ere, posui, positum* : déposer, abandonner
- *modo*, adv. : seulement
- *non modo... sed etiam* : non seulement... mais encore
- *clementia, ae* f. : la clémence
- *mehercule* : par Hercule, certes

## Exercices

### 1. *Écrire l'expression en employant l'adjectif verbal*

Cupiditas delectandi otium

ad < castra ponendum >

pronus ad < exercendum justitiam >

cupidus pacem faciendi

dignus gerendo magistratum

peritus impediendo conjurationem

### 2. *Écrire un ordre et une défense*

cedimus

adjuvamus

solvis

### 3. *Traduire*

Hunc urbi condendae locum elegerunt. (Tite-Live)

Juveni parandum*, seni utendum est (Sénèque IV, 36. * = ici « acquérir [le savoir] »)

Cum hac persuasione vivendum est : « Patria mea totus hic mundus est » (Sénèque III, 28).

Onus animi deponendum est (Sénèque, III, 28).

Hic est locus solvendi aeris alieni (Sénèque, III, 23).

Illud utinam ne scripsissem !

Utinam nascantur modo et hunc nostrum dolorem gaudio mutent !

## 4. *Version*

*Lucrèce ouvre son long poème par un hymne à Vénus « Mère des Énéades, charme des dieux et des hommes, bienfaisante Vénus... »*

Quae quoniam rerum naturam sola gubernas
nec sine te quicquam dias in luminis oras
exoritur neque fit laetum neque amabile quicquam,
te sociam studeo scribendis versibus esse,
quos ego de rerum natura pangere conor.

Lucrèce, *De rerum natura*

**Aide à la traduction**

« *quae* » relatif de liaison, désigne Vénus à qui le poète s'adresse. *nec quicquam* : et rien ... ne ; « *studeo* » + prop. inf « *te sociam esse scribendis versibus* » ; « *scribendis versibus* » cpl. de « *sociam* ». Cette invocation à une divinité est une simple tradition littéraire.

.......................................................................................................................................

.......................................................................................................................................

.......................................................................................................................................

.......................................................................................................................................

.......................................................................................................................................

.......................................................................................................................................

.......................................................................................................................................

# Vocabulaire 2

- *guberno, as, are, avi, atum* : diriger un navire ; diriger
- *lumen, inis*, n. : lumière
- *ora, ae*, f. : bord ; (poét.) *luminis orae*, les rives de la lumière, le monde
- *dius, a, um* (poét.) : divin, divinement beau
- *orior/exorior, oriri, ortus sum* : se lever, naître
- *amabilis, e* : digne d'amour
- *studeo, es, ere, ui* : s'appliquer à, rechercher, désirer de ; s'intéresser à qn ; étudier
- *socius, a, um* : allié, associé
- *pango, is, ere, pepegi, pactum* : composer des œuvres littéraires, écrire, louer, chanter
- *conor, aris, ari, atus sum* : se préparer, entreprendre qc
- *versus, us*, m. : sillon, ligne, vers

**CIVILISATION**

## L'épicurisme à Rome

Lucrèce a transcrit la philosophie d'Épicure dans un vaste poème didactique, *De rerum natura*. La physique d'Épicure voit le monde comme un nombre infini d'atomes dont l'assemblage est aléatoire. L'homme lui-même est composé d'atomes, corps et âme. Point n'est besoin alors de se préoccuper des dieux (qui n'existent pas), ni de craindre la mort qui n'est que séparation des atomes avant recomposition ! Libéré, l'homme peut accéder au bonheur, souverain bien, en recherchant le plaisir, mesuré, et en se détournant de tout ce qui peut le troubler : philosophie de l'ataraxie, l'absence de trouble. Pas d'agitation politique pour le sage épicurien, mais l'*otium* entre amis. Avec son *aurea mediocritas* (mesure des plaisirs) et son *carpe diem*, le poète Horace offre le résumé d'une sagesse épicurienne modérée.

Leçon 25

- *Le subjonctif du passif et des verbes déponents*
- *La concordance des temps*
- *L'attraction modale*
- *Les indéfinis (2)*

## 1. *La conjugaison du subjonctif passif et des verbes déponents*

- Au présent et à l'imparfait, on remplace
  les terminaisons actives : ***-m -s -t -mus -tis -nt***
  par les terminaisons passives ***-r -ris /-re -tur -mur -mini -ntur***
  - **Présent** : *amer, ameris, ametur, amemur, amemini, amentur*
  - **Imparfait** : *amarer, amareris, amaretur, amaremur, amaremini, amarentur*
  - Au parfait et au plus-que-parfait, on met l'auxiliaire *esse* au subjonctif présent et imparfait.
  - **Parfait** : *amatus, a, um sim, sis, sit, amaturi, ae, a simus, sitis, sint*
  - **Plus-que-parfait** : *amatus, a, um essem, esses, esset...*

➥ cf. tableau fin du livre

## 2. *La concordance des temps dans les propositions subordonnées conjonctives*

- Dans les subordonnées au subjonctif, le temps dépend de celui de la principale

PP ------------------------------------ *timeo*    je crains ---------------------→

PS --------◊------------------------------◊----------◊----------------------→

*ne abierit* qu'il ne soit parti    *ne abeat** qu'il ne parte

PP ------------------------------------*timebam,* je craignais -----------------→

PS --------◊------------------------------◊---------- ◊-----------------------→

*ne abiisset* qu'il ne fût parti    *ne abiret** qu'il ne partît.

(* = peuvent exprimer une action simultanée ou postérieure à celle de la principale.)

## 3. L'attraction modale

Si une subordonnée, relative ou conjonctive, normalement à l'indicatif se trouve dans une autre subordonnée au subjonctif ou à l'infinitif, elle peut se mettre au **subjonctif par attraction modale**, sans nuance de sens.

➥ *Habe ante oculos Graeciam esse terram quae nobis leges* ***dederit***. Représente-toi que la Grèce est une terre qui nous a donné les lois.

## 4. Les pronoms-adjectifs indéfinis (2)

▪ ***Alius, alia, aliud* sg.** un autre, ▪***alter, altera, alterum,*** l'un (de deux)

| Sg. | Masc. | Fém. | Neutre | Masc. | Fém. | Neutre |
|---|---|---|---|---|---|---|
| N. | alius | alia | aliud | alterus | altera | alterum |
| Acc | alium | aliam | aliud | alterum | alteram | alterum |
| G. | [alius | alius | alius]* | alterius | alterius | alterius |
| D. | alii | alii | alii | alteri | alteri | alteri |
| Abl. | alio | alia | alio | altero | altera | altero |

*Le génitif employé est *alterius*

La déclinaison du pluriel est celle de *bonus, a, um / miser, a, um*

▪ ***Alius, alia, aliud* sg.** un autre, pl. d'autres

- employé seul : *alii veniunt*, d'autres viennent. *Alius fit*, il devient autre.
- répété au même cas : l'un ... un autre... un autre

➥ *Alii loquuntur, alii tacent, alii rident.* Les uns parlent, les autres se taisent, les autres rient.

- répété à des cas différents : > la réciprocité *: Alii alios salutant.* Ils se saluent les uns les autres.
- la diversité :

➥ *« Alii aliam in partem ferebantur ».* (César), « Les uns se lançaient d'un côté, les autres de l'autre > ils se lançaient de côté et d'autre. »

- même expression de la diversité avec des adverbes de la même racine que *alius* : *aliter*, autrement, *alibi*, dans un autre endroit.

➥ « *Alios alibi resistentes interficit.* » (Salluste), Il massacre ceux qui résistent, les uns ici, les autres là.

▪ ***Alter, altera, alterum,*** l'un des deux

➥ *Alter consul*, l'un des deux consuls, l'autre consul, le second consul.

Mêmes emplois que *alius*, seul ou répété.

## Vocabulaire

- *oraculum, i*, n. : oracle
- *edo, is, ere, edidi, editum* : faire sortir, publier
- *discedo, is, ere, cessi, cessum* : s'éloigner
- *intercipio, is, ere, cepi, ceptum* : intercepter
- *libido, inis* f. : envie, désir, plaisir
- *servio, is, ire, ivi, itum* : être esclave de + D.

## Exercices

### 1. Traduire et mettre au subjonctif passif ou déponent à la personne et au temps indiqués

| | présent | imparfait | parfait |
|---|---|---|---|
| conor 1re sg. ................... | ................... | ................... | ................... |
| pono 3e sg. ................... | ................... | ................... | ................... |
| augeo 3e pl. ................... | ................... | ................... | ................... |
| sequor 2e pl. ................... | ................... | ................... | ................... |
| soleo 1re pl. ................... | ................... | ................... | ................... |
| nascor 2e sg. ................... | ................... | ................... | ................... |

### 2. Concordance des temps : mettre le verbe au temps qui convient

Post plures annos timebam ne amicus meus .......................(*mutare*)

Eo die te monui ut ante noctem ...................... (*abeo*)

Te oro ut .................(*audio*) ; te orabam ut .............. .....(*audio*)

Pater metuebat ne puer pridie consilium non ........................(*sequi*)

### 3. Traduire

Turpe est aliud cogitare, aliud dicere.

..........................................................................................................................

Apollo Pythius oraculum edidit, Spartam nulla re alia nisi avaritia esse perituram. (Cicéron, *De officiis*, II, 22). (*Sparta* = Sparte ; *Apollo Pythius*, Apollon Pythien)

.................................................................................................................................

.................................................................................................................................

Quid commune° est omnibus hominibus ? Spes : haec enim etiam illis est quibus nihil est aliud. (Remarque : *etiam* : même, *sum* + D. *illis* et *quibus*)

.................................................................................................................................

.................................................................................................................................

Divitias alii praeponunt, bonam alii valetudinem, alii potestatem, alii honores, paucissimi autem discendi studio totos se dant.

.................................................................................................................................

.................................................................................................................................

Alius libidini servit, alius avaritiae, alius ambitioni°, omnes spei, omnes timori. (Sénèque)

.................................................................................................................................

### 4. *Expliquer l'attraction modale des verbes soulignés, réécrire le verbe à l'indicatif et traduire*

Natura ipsa nos impellit ut eos, quos genuerimus, amemus. (D'après Cicéron)

.................................................................................................................................

Accidit ut milites, qui lignationis causa discessissent, equitum adventu interciperentur. (D'après César). *(lignationis causa : pour l'approvisionnement en bois.)*

.................................................................................................................................

.................................................................................................................................

**Civilisation**

## Grandes figures impériales : le siècle des Antonins

Avec la dynastie des **Antonins**, Nerva, **Trajan**, **Hadrien**, **Antonin**, **Marc Aurèle**, Commode, de 96 à 192 le Haut-Empire s'achève par une période de relative prospérité, de sage gouvernement.

**Trajan** (98-117) est l'empereur des dernières grandes conquêtes : Dacie, Arabie, Arménie et Mésopotamie (ces deux dernières sont vite perdues sous Hadrien), mais aussi celui des *alimenta*, aide aux pauvres.

**Hadrien** (117-138) est l'empereur voyageur qui pendant dix années a fait le tour de son empire, montrant ainsi une forme d'ouverture. Il est aussi l'empereur lettré, tourné vers la Grèce. Il fait construire la coupole du Panthéon, la villa de Tivoli pleine de répliques de monuments de l'Empire.

**Antonin** (138-161), dit le Pieux, est l'empereur de la clémence.

**Marc Aurèle** (161-180) est l'empereur philosophe dont le règne est qualifié de « règne d'or » par Dion Cassius. Le philosophe, pourtant, doit mener la guerre, à l'Est contre les Parthes, au Nord contre l'envahisseur germanique alors qu'une épidémie de peste ravage Rome. Il a laissé ses *Pensées*, sagesse stoïcienne écrite en grec. « Le matin, quand tu éprouves de la paresse au réveil, que cette pensée te soit présente : c'est pour faire œuvre d'homme que je m'éveille » (trad. Mortier).

LEÇON 26

# Les subordonnées de temps et de cause au subjonctif
# Les subordonnées de comparaison

## 1. Les subordonnées de temps au subjonctif

Elles sont au subjonctif si le sens de temps se combine avec :

- la cause : *cum* + subj. imparfait ou plus-que-parfait : comme, alors que

➥ *Cum Athenae florerent, nimia libertas civitatem miscuit.* Alors qu'Athènes était florissante, la liberté excessive mit le désordre dans la cité

- l'intention, l'éventualité : *antequam, priusquam* : avant que, en attendant que, sans attendre que

  *dum, donec, quoad* : jusqu'à ce que, en attendant que

➥ « *Antequam verbum facerem, abiit* » (Cicéron), « Avant que je prisse la parole, il partit. »

## 2. Les subordonnées de cause au subjonctif

- *Cum* + subj. : comme, puisque. *Quae cum ita sint*... puisque les choses sont ainsi.
- *Quod* + subj. : parce que, dit-on / selon (lui), sous prétexte que

➥ *Socrates accusatus est quod juventutem corrumperet.* Socrate fut accusé de corrompre la jeunesse < sous prétexte qu'il corrompait la jeunesse>.

## 3. Les subordonnées de comparaison

- ***Quam*** introduit la subordonnée comparative
  - avec un adjectif au comparatif,

  ➥ *Prudentior est quam putas.* Il est plus sage que tu ne penses.
  - avec un verbe exprimant une comparaison : *praestat*, il vaut mieux, *malo*, préférer.

  ➥ *Accipere quam facere injuriam praestat.* Il vaut mieux essuyer une injustice qu'en commettre une.
- ***ut (uti), velut, sicut, quemadmodum*** + indicatif, comme, de même que, ainsi que, souvent annoncé dans principale par *sic* / *ita*, de même.

➥ *Ut sementem feceris, ita metes.* Comme tu auras semé, tu moissonneras.

- **Expressions corrélatives de comparaison**
  - *talis, e ... qualis, e* : tel... que
  - *tantus, a, um ... quantus, a, um* : aussi grand... que
  - *tot ... quot* : aussi nombreux... que
  - *tam multi, ae, a ... quam (multi, ae, a)* : autant de... que de
  - *tantum ... quantum* : autant... que / *tanto* + comparatif .... *quanto*
  - *tamdiu ... quamdiu* : aussi longtemps... que
  - *toties ... quoties* : autant de fois... que

➥ *Talis est filius qualis pater*, le fils est tel que le père.

On peut aussi écrire les corrélations dans l'autre sens : exemples : *qualis ... talis* : tel ... tel

➥ *Qualis pater talis filius*, tel père, tel fils

- *quantum... tantum* : autant ... autant

- **Expressions corrélatives de proportion**
  - *eo magis ........ quo magis* d'autant plus ...... que plus....
  - *eo* + comparatif... *quo* + comp.
  - *eo minus ....... quo minus* d'autant moins .... que moins

➥ *Homo eo major est quo sapientior*, l'homme est d'autant plus grand qu'il est plus sage.

## Vocabulaire

- *egeo, es, ere, ui* : manquer de + abl.
- *quasi*, adv. et conj. : comme si, comme, à peu près
- *ludo, is, ere, lusi, lusum* : jouer
- *tessera, ae*, f. : dé à jouer
- *opus*, indécl. : besoin, nécessité
- *mihi opus est* : j'ai besoin
- *sermo, onis*, m. : conversation, dialogue, manière de s'exprimer
- *jactus, us*, m. : action de jeter
- *forte*, adv. : par hasard
- *corrigo, is, ere, rexi, rectum* : corriger, amender
- *reperio, is, ire, peri, pertum* : trouver, rencontrer, découvrir
- *cado, is, ere, cecidi, casum* : tomber, arriver par hasard
- *facilitas, atis* f. : facilité d'abord, de caractère, complaisance

## Exercices

### 1. *Traduire en marquant les nuances*

Abiit quod nemo eum audiret.

.......................................................................................................................................

Opus tibi difficile videtur donec laborare incipias.

..........................................................................................................................................

Laudat Africanum Panaetius quod fuerit abstinens. (il s'agit de Scipion l'Africain) *abstinens* : modéré (ici = désintéressé)

..........................................................................................................................................

## 2. *Traduire*

Tot inimicos habemus quot servos domi.

..........................................................................................................................................

Sermo imago animi est : qualis vir, talis oratio.

..........................................................................................................................................

Romae erant tantum milites quantum cives.

..........................................................................................................................................

Tua epistula tanto mihi jucundior fuit quanto longior. (Pline)

..........................................................................................................................................

Eget eo minus mortalis, quo minus cupit. (Publius Syrius)

..........................................................................................................................................

## 3. *Version*

Térence, *Les Adelphes*, sagesse de deux vieillards ;

Ita vita est hominum, quasi cum ludas tesseris :
Si illud quod maxime opus est jactu non cadit,
illud quod cecidit forte, id arte ut corrigas. (IV, 7)
Re ipsa reperi
Facilitate nihil esse homini melius neque clementia. (V, 4)

**Aide à la traduction**

*ludas* : ici le subj. 2ᵉ pers. a le sens de « on » ; *ut + subj :* (langue préclassique) conseil : « fais en sorte de ... » ; *arte < ars, artis* ; *res ipsa :* l'expérience ; *facilitate* et *clementia* : abl. cpl. du comparatif

..........................................................................................................................................

..........................................................................................................................................

..........................................................................................................................................

..........................................................................................................................................

..........................................................................................................................................

..........................................................................................................................................

**CIVILISATION**

## L'ÉDUCATION

La question devient si vive à Rome au IIe s. avant J.-C. que Térence a pu en faire une comédie, *Les Adelphes*, « les frères » en grec. *Deux frères, Micion et Déméa (les vieillards de la pièce), sont persuadés du bien-fondé de leurs principes d'éducation, sévère et rustique pour l'un, libre et urbaine pour l'autre. Mais leurs fils sont des jeunes gens qui vivent selon leur fantaisie, l'un enlève une musicienne, l'autre séduit une jeune orpheline, et tout cela avec la complicité de l'esclave acquis à leur cause. Tout finit par des mariages.*

Qu'est-ce qui rend la question si vive à Rome ?

Précisément ce qui sépare nos deux vieillards : la tradition de l'éducation était celle du *mos patrius*, quand le père de famille ne laissait à personne le soin de montrer à son fils comment on devenait bon soldat et bon citoyen, « *suus cuique parens pro magistro* », dit Pline. Éducation par l'exemple où le père tient lieu de maître.

Vers la fin du IIIe s. av. J.-C. les traditions grecques se sont introduites à Rome : un pédagogue s'occupe désormais de l'enfant, il lui apprend le grec par la conversation. Des grammairiens, rhéteurs et philosophes venus d'Athènes modifient l'éducation traditionnelle. Le débat est alors vif : les Grecs sont soupçonnés de corrompre le *mos majorum*.

À sept ans l'enfant suit l'enseignement élémentaire du *ludi magister*, maître d'école ; vers douze, treize ans, il entre chez le *grammaticus*, qui enseigne grammaire et littérature en latin et en grec, et même les rudiments de la rhétorique ; vers seize ans, peu avant de prendre la toge virile, il suit l'enseignement du rhéteur, où il pratique les *suasoriae* et les *controversiae*. Le premier exercice correspond à l'éloquence délibérative du forum et du sénat, le second à la pratique judiciaire.

Après la prise de toge virile, le jeune homme allait parfois en Grèce suivre l'enseignement de professeurs renommés ; puis il entrait dans la vie publique en suivant un orateur connu ou un jurisconsulte qu'il secondait, comme Cicéron : « Mon père m'avait confié à Scévola quand j'eus pris la toge virile (...) et je faisais de mon mieux pour que sa sagesse servît à ma propre formation. » *De Amicitia*

LEÇON 27

# ▪ Les relatives au subjonctif
# ▪ Les pronoms relatifs indéfinis
# ▪ Les subordonnées de but et de conséquence

## 1. Les relatives au subjonctif

Le subjonctif dans une proposition relative peut exprimer différentes nuances circonstancielles, souvent le but ou la conséquence, mais aussi la cause, l'opposition, la concession.

**But**

➡ *Balneas in villa esse refert in quibus familia lavetur.* Il importe qu'il y ait des bains dans une maison de campagne pour que la famille se lave.

**Conséquence**

➡ *Semper amici eligendi sunt quos diligamus.* Nous devons choisir des amis < tels que nous les aimons > dignes que nous les aimions.

**Formules fréquentes**

- *is ... qui* + subj. : tel ... qu'il, homme à, capable de...

➡ *Is est quem omnes diligant.* C'est un homme tel que tous l'aiment.

- *Sunt qui* + subj. : il y a des gens qui...
- *Dignus qui* + subj. : digne de

➡ *Dignus est qui magistratum exerceat.* Il est digne d'exercer une magistrature.

- *Nihil est quod...* il n'y a aucune raison pour que ...

**Cause**

➡ *Hi fugerunt qui metuerent.* Ils ont fui parce qu'ils avaient peur.

## 2. Les pronoms-adjectifs relatifs indéfinis

- *Quicumque, quaecumque, quodcumque* : Pr. tout homme qui, quiconque, tout ce qui ...... Adj. tout... qui, quel que soit... qui

**+ 3 formes :**

- Pr. *quisquis* N. masc. sg ; Pr. / Adj. *quidquid / quicquid* N. Acc. n. sg. ; Adj. *quoquo* Abl. masc. et n. sg.

ont le même sens que *quicumque*.

➥ *quoquo modo*, « de quelque manière que »

**Remarque**

*uter, utra, utrum* > Pr. relatif : celui des deux qui. > pr. interrrogatif : lequel des deux ? > pr. indéfini : celui des deux

## 3. *Les subordonnées de but*

- Elles se construisent avec :

***UT***, « pour que » ***NE***, pour que ...ne ... pas, de peur que + SUBJ.

➥ *Audi ut discas.* Écoute pour apprendre.

➥ *Te admoneo ne erras.* Je t'avertis de peur que tu ne fasses fausse route.

- Lorsque la subordonnée de but comporte un comparatif, on remplace souvent *ut* par *quo* :

➥ *Tace quo melius discas.* Tais-toi pour mieux apprendre.

**Moyens d'exprimer le but :**

| | | |
|---|---|---|
| *Misit legatos...* | *ut pacem peterent* | subordonnée |
| | *ad pacem petendam* | ad + gérondif* |
| | *pacis petendae causa* | gérondif* + préposition causa + G. |
| | *qui pacem peterent* | relative au subj. |
| | *pacem petitum* | supin |

*ou forme adj. verbal

## 4. *Les subordonnées de conséquence*

- Elles sont au subjonctif et se construisent avec :

***UT*** : de telle sorte, façon que, si bien que

***UT NON*** : de telle sorte, façon que ... ne ... pas, si bien que ... ne ... pas

- Elles sont annoncées par un corrélatif :

*is, ea, id - talis, e* : tel<br>
*tam* + adj / adv. : tellement, si<br>
*ita – sic* + verbe : à tel point<br>
*tot* : si nombreux - *tantus, a, um* : si grand<br>
} + ***ut*** : que

➥ *Tam prudens est hic homo ut decipi non possit.* Cet homme est si avisé qu'on ne peut le tromper.

- Autre moyen d'exprimer la conséquence : la relative au subjonctif

## Vocabulaire

- *frango, is, ere, fregi, fractum* : briser, rompre
- *sustineo, es, ere, tinui, tentum* : soutenir, supporter, arrêter
- *fortunatus, a, um* : heureux
- *incursio, onis*, f. : attaque
- *invenio, is, ire, veni, ventum* : trouver, inventer
- *sino, is, ere, sivi, situm* : permettre
- *praeco, onis*, m. : héraut
- *edo, is, ere* : manger

## Exercices

### 1. Les relatives au subjonctif : expliquer leur valeur

Nulla enim est tanta vis quae non ferro et viribus frangi possit. (Cicéron)

Nemo est qui felicitatem non quaerat.

Caesar equites misit qui incursiones hostium sustinerent.

O fortunate Achilles, qui tuae virtutis Homerum praeconem inveneris.

..............................................................................................................................

..............................................................................................................................

..............................................................................................................................

### 2. Distinguer les différentes propositions subordonnées et traduire

Te exspecto et oro ut eo animo venias ut me tuo consilio egere non sinas.

..............................................................................................................................

..............................................................................................................................

Tam felix et tam dives es, ut tibi multi invideant.

..............................................................................................................................

Socrates dicebat multos homines vivere velle ut ederent et biberent ; se bibere atque edere ut viveret.

..............................................................................................................................

..............................................................................................................................

### 3. Les relatifs indéfinis : traduire

Quisquis es, tibi parendum est.

..............................................................................................................................

Quidquid est in hoc libro, hoc tibi proderit.

..............................................................................................................................

Is non est liber° quicumque vitiorum servus est.

..............................................................................................................................

Is non dives est cuicumque multae res desunt.

............................................................................................................................

Quoquo modo facis, bene est.

............................................................................................................................

## 4. *Version I : Traduire*

Observa orbem rerum in se remeantium : nihil videbis in hoc mundo extingui, sed vicibus descendere° ac surgere. [...] solem nox obruit, sed ipsam statim dies abiget. Stellarum iste discursus, quicquid praeterit, repetit : pars caeli levatur assidue, pars mergitur. (Sénèque, *Lettres à Lucilius*)

............................................................................................................................

............................................................................................................................

............................................................................................................................

## VOCABULAIRE

- *observo, are, avi, atum* : observer
- *remeo, are, avi, atum* : retourner, revenir
- *mundus, i,* m. : le monde
- *sol, is,* m. : le soleil
- *exstinguo (extinguo), is, ere, stinxi, stinctum* : éteindre, détruire
- *vicis* f. G. : pas de N. Acc. *vicem* Abl. vice ; Pl. N.-ACC. vices D.-Abl. *vicibus* : tour, succession, alternative ; destinée
- *vicibus* : alternativement
- *surgo, is, ere, surrexi, surrectum* : se lever, se mettre debout
- *discursus, us* m. : action de courir çà et là, vagabondage
- *obruo, is, ere, rui, rutum* : recouvrir d'un amas, écraser
- *abigo, is, ere, egi, actum* : pousser loin de, chasser
- *stella, ae* f. : étoile
- *praetereo, is, ire, ii, itum* : passer au-delà, passer le long de, omettre
- *repeto, is, ere, ivi, ii, itum* : chercher à atteindre de nouveau
- *pars, partis,* f. : partie, part
- *mergo, is, ere, mersi, mersum* : plonger
- *adsidue* (assidue) : continuellement
- *levo, are, avi, atum* : alléger ; élever en l'air

**CIVILISATION**

### SAVOIRS DU MONDE ANTIQUE

Les Romains n'ont pas de grands savants mais ils ont assimilé le savoir des Grecs et leur curiosité scientifique se fonde sur leur sens pratique. L'exemple le plus remarquable de cette curiosité est l'*Histoire naturelle* de Pline, monument encyclopédique de tous les savoirs antiques, collectés chez les auteurs, parfois observés par Pline, dans un magistral inventaire du monde : astronomie, zoologie, botanique, géographie, géologie, remèdes naturels, peinture... Celse recueille dans son *De arte medica* toute la science médicale de son temps (époque d'Auguste).

LEÇON 28

# Les subordonnées de condition et de concession

## 1. Les subordonnées de condition

**Si + *indicatif présent, imparfait (idée de répétition) ou futur***

➡ *Si sunt dii, sunt boni.* Si les dieux existent, ils sont bons.

➡ *Si veniebas, laetus eram.* Si tu venais, j'étais content.

➡ *Si hunc librum leges (legeris), laetus ero.* Si tu lis ce livre, je serai content.
Le latin emploie le futur, plus souvent le futur antérieur, dans la subordonnée quand la principale est au futur.

**Si + *subjonctif***

| | | |
|---|---|---|
| ▪ Subj. présent | *Si venias, laetus sim.*<br>Si tu venais (un jour), je serais content. | **Potentiel** |
| ▪ Subj. imparfait | *Si venires, laetus essem.*<br>Si tu venais (maintenant), je serais content. | **Irréel du présent** |
| ▪ Subj. plus-que-parfait | *Si venisses, laetus fuissem.*<br>Si tu étais venu, j'aurais été content. | **Irréel du passé** |

**Nisi :** si... ne ... pas, à moins que

> Remarque
> On peut avoir en tête de phrase : ***quod si, quod nisi***

Autres conjonctions :

- ***sive ... sive ...*** + Ind. : soit que ... soit que
- ***etiam si*** : même si
- ***ut si*** : comme si
- ***dum, modo*** + subj : pourvu que

## 2. Les subordonnées concessives

***Quamquam, etsi, tametsi*** + Ind. : bien que, quoique

➡ *Quamquam abest a culpa, accusatur.* Bien qu'il soit innocent, il est accusé.

- Ces conjonctions peuvent aussi s'employer sans verbe :

➡ *Quamquam prudens, erravit.* Bien qu'avisé, il se trompa.

- *Cum* + Subj. : bien que, quoique, alors que

➥ *Cum absit a culpa, tamen accusatur.*

- *Quamvis* + adv. ou adj. + Subj. : quelque ... que

➥ *Quamvis prudens esset, tamen erravit.*

- *Ut* + Subj. : en admettant que

➥ *Ut erravit, tamen ignoscendus est.* À supposer qu'il ait commis une erreur, il faut lui pardonner.

*Tamen*, pourtant *at*, *certe*, du moins, dans la principale renforcent l'expression de la concession.

## 3. Exceptions des conjugaisons

On trouve souvent les formes suivantes :

- parfait 3$^{e}$ pers. pluriel terminaison en *-ere* au lieu de - *erunt*

*fuerunt* > *fuere* - *amaverunt* > *amavere*

- parfaits syncopés :
  - dans les parfaits en ***vi-*** et tous les temps formés sur le parfait, le **-*v*-** tombe à toutes les personnes

    ➥ Ex. Parfait. *audivi* > *audii* ; plus-que-parfait *audiveram* > *audieram...*
  - à certaines personnes dans les parfaits en ***-avi-*** : Pf *amavisti* > *amasti*, *amavistis* > *amastis*, *amaverunt* > *amarunt* ;
  - à toutes les personnes pour les autres temps :
    plus-que-parfait *amaveram* > *amaram*, Inf. pf. *amavisse* > *amasse...*
  - dans les formes composées, *est*, *sunt*, *esse* sont souvent sous-entendus :

    ➥ *dico eum venturum (esse)*

## Vocabulaire

- *laboriosus*, *a*, *um* : pénible ; actif
- *stultus*, *a*, *um* : stupide
- *dimico*, *as*, *are*, *avi*, *atum* : lutter
- *praeceptum*, *i*, n. : leçon, règle
- *praecipio*, *is*, *ere*, *cepi*, *ceptum* : prendre le 1$^{er}$ ; conseiller, donner des leçons
- *immeritus*, *a*, *um* : qui n'a pas mérité
- *indignor*, *ari*, *atus sum* : s'indigner
- *clamo*, *as*, *are*, *avi*, *tum* : crier
- *diligo*, *is*, *ere*, *lexi*, *lectum* : aimer
- *dilectio*, *onis*, f. charité (lat. chrétien), amour
- *taceo*, *es*, *ere*, *cui*, *citum* : (se) taire

- *emendo, as, are, avi, atum* : corriger, effacer les fautes
- *radix, icis*, f. : racine
- *intus*, adv. : au-dedans
- *exsisto (existo), is, ere, stiti* : s'élever de, naître de, se manifester
- *sive* : ou si

## Exercices

### I. Identifier mode et temps et traduire

Fac ipse te felicem ; facies autem, si virtutem colueris.

....................................................................................................

Non id facerem, nisi necesse esset.

....................................................................................................

Hostes Urbem occupavissent nisi Horatius istis obfuisset.

....................................................................................................

Vir bonus, quod honestum putaverit, faciet, etiamsi laboriosum erit.

....................................................................................................

Nisi utile est quod facimus, stulta est gloria. (Phèdre)

....................................................................................................

Si mehercule peccato locus esset, facile paterer vos ipsa re corrigi. (Salluste)

....................................................................................................

Si nobis dimicandi copia non esset, mihi virtus in consilio dando deesset.

....................................................................................................

Ridebis, deinde indignaberis, deinde ridebis, si legeris quod, nisi legeris, non potes credere. (Pline le Jeune)

....................................................................................................

....................................................................................................

## 2. *Transformer en employant une proposition concessive*

Nostri a duce et a fortuna relicti erant ; tamen omnem spem salutis in virtute ponebant.

..............................................................................................................................

Fortunatus est ; sed aliis invidet.

..............................................................................................................................

T. Gracchus rem publicam fortasse minabatur, tamen immeritus moriebatur. (ut)

..............................................................................................................................

## 3. *Donner la forme ordinaire de la conjugaison et traduire (oral)*

auxere : ........................ anteposuere : ..................

mutasti : ....................... scierant : .......................

invenere : ....................... exspectassem : ..................

exspectasse : ...................... sollicitastis : .....................

## 4. *Version (le subj. de la conditionnelle est à traduire comme un ind.)*

Semel ergo breve praeceptum tibi praecipitur : dilige, et quod vis fac : sive taceas, dilectione taceas ; sive clames, dilectione clames ; sive emendes, dilectione emendes ; sive parcas, dilectione parcas : radix sit intus dilectionis, non potest de ista radice nisi bonum existere.

Saint Augustin, « *Dix traités sur l'épître de Saint Jean aux Parthes* »

..............................................................................................................................

..............................................................................................................................

..............................................................................................................................

..............................................................................................................................

**Civilisation**

### Le christianisme et l'édit de Constantin

Les chrétiens, déjà présents à Rome avant 50 (communauté fondée autour de Pierre et Paul), sont au mieux tolérés, le plus souvent persécutés par des empereurs (Claude, Néron, Domitien, Marc Aurèle, Dèce...) qui voient en eux une menace pour l'État – les chrétiens refusent le culte impérial. Constantin, converti en 312 par la vision d'une croix dans le ciel « *In hoc signo vinces* » (« Par ce signe, tu vaincras »), publie en 313 l'édit de Milan, édit de tolérance religieuse. L'empereur convoque les grands conciles, Arles, 314, Nicée, 325, qui définit par le *Credo* l'orthodoxie chrétienne. Byzance rebâtie devient Constantinople. Cette conversion fait date pour la christianisation de l'Empire romain.

Leçon 29

# ▪ L'interrogation indirecte

## 1. La proposition subordonnée interrogative indirecte

- Interrogation directe : *Quis venit ?* Qui est venu ?
- Interrogation indirecte : *Quaero quis venerit.* Je demande qui est venu.
- **L'interrogative indirecte est au subjonctif.**
- Elle est complément d'objet de verbes signifiant « demander, dire, savoir, ignorer » :
  - *rogare* (*aliquem*), *interrogare* (*aliquem*), *quaerere* (*ab*, *ex aliquo*)... demander à qn : *mirari*, demander avec étonnement
  - *scire*, savoir ; *nescire*, ne pas savoir ; *ignorare*, ignorer ; *intellegere*, comprendre ; *dicere*, dire...
- Elle est sujet de tournures impersonnelles :
  - *dubium est*, il est douteux ; *mirum est*, il est étonnant, *refert* ; il importe de considérer...
- Elle est parfois cpl. de noms ou d'adjectifs exprimant l'interrogation.

➥ <u>*Incertus*</u> *ubi essem...* < incertain de savoir où... > ne sachant pas où j'étais...

➥ *Amicitia nostra non orta est* <u>*cogitatione*</u> *quantum utilitatis habitura esset.* Notre amitié n'était pas née de < la pensée de savoir combien d'utilité elle aurait >, de l'idée de son utilité

Dans la traduction française, il faut souvent ajouter le verbe « savoir » ou « se demander ».

- <u>Mots introducteurs</u> : les mêmes que dans l'interrogation directe.
  - *Num*, si, équivaut à *–ne* et ne suppose pas une réponse négative.
  - *Nonne* ne (avec *quaero*), si... ne... pas.
- On peut avoir aussi des exclamatives indirectes :
  - avec des verbes comme *mirari*, *videre*...

➥ *Miramur quam multi Romae generosi viri vixerint.*

## 2. La concordance des temps dans l'interrogative indirecte

Le temps dans la proposition subordonnée P. S. dépend de celui de la proposition principale P. P. Pour exprimer une action future, on emploie une périphrase : participe futur + auxiliaire *sum* au présent / à l'imparfait.

PP --------------------------------quaero ------------------------------------→

PS ----------◊------------------------◊------------------------◊--------------→

*ubi fuerit* *ubi sit* *ubi futurus sit*

PP ---------------------quaerebam / quaesivi--------------------------------→

PS ----------◊------------------------◊------------------------◊-----------------→

*ubi fuisset* *ubi esset* *ubi futurus esset*

### 3. Propositions subordonnées au subjonctif sans subordonnant

On peut trouver des propositions sans subordonnant après certains verbes :

- *volo, nolo, malo, licet* ;
- *oportet, necesse est* ;
- des verbes de volonté : *imperare, petere, censere...* ;
- dans des expressions très courantes : *Fac sciam*, fais que je sache ; *Cave cadas*, prends garde de tomber.

Dans l'interrogation indirecte double *utrum... an*, il peut y avoir un subjonctif avec ellipse de *utrum*.

➥ *Deliberatur de Avarico (utrum) incendi placeat an defendi.* On délibère au sujet d'Avaricum s'il paraît préférable de le brûler ou de le défendre.

## Vocabulaire

- *desiderium, ii*, n. : désir de qc qu'on a eu, connu, et qui nous fait défaut
- *recte*, adv. : droit (aussi fig.), justement
- *proficio, is, ere feci, fectum* : avancer, faire des progrès
- *reverentia, ae*, f. : crainte, respect, déférence, révérence
- *emo, is, ere, emi, emptum* : acheter
- *faber, bri*, g. pl. *fabrum* : ouvrier, artisan
- *contingo, is, ere, tigi, tactum* : toucher, atteindre ; (intr) arriver (*alicui*, à qn)
- *adventus, us*, m. : arrivée
- *status, us*, m. : attitude, posture ; situation
- *dimitto, is, ere, misi, missum* : renvoyer
- *patienter*, adv. : patiemment

## Exercices

### I. Transformer ces phrases en interrogatives indirectes

(Te rogo / te rogabam) quid proxima nocte egisti ? Ubi fuisti ?

..........................................................................................................................

(Cicero Catilinam rogavit) Num negare audes / audebis ?

..............................................................................................................

## 2. *L'interrogative indirecte : traduire*

Non quid fiat aut quid detur refert, sed qua mente. (> Refert non quid fiat).

..............................................................................................................

Tibi declaravi° adventus noster qualis fuisset et quis esset status atque omnes res nostrae quemadmodum essent. (Cicéron)

..............................................................................................................

..............................................................................................................

**Remarque**

Le sujet est placé avant la subordonnée dans les interrogatives 1 et 3

Nemo [quam bene vivat, sed quam diu,] curat, cum omnibus possit contingere, ut bene vivant, ut diu nulli. (Sénèque, III, 22)

..............................................................................................................

..............................................................................................................

**Remarque**

*nemo curat* : principale ; *[ ]* interrogative indirecte ; *omnibus* et *nulli* : D. cpl de *possit contingere*, il peut arriver ... que (*ut*)

## 3. *Traduire*

Moneo patienter resistas. ..............................................................................

Velim ergo emas quattuor marmoreas columnas.........................................................

..............................................................................................................

Cum jam profeceris tantum, [ut sit tibi etiam tui reverentia,] licebit dimittas paedagogum°. (Sénèque, *Lettres à Lucilius*)

..............................................................................................................

..............................................................................................................

▸ Notes : *marmoreus, a, um* : en marbre, *columna, ae* f. : colonne ; [...] consécutive annoncée par «*tantum* » ; *tui* : G. du pr. personnel

## 4. *Version : saint Augustin,* **Sermon sur la chute de Rome**

Horrenda nobis nuntiata sunt ; strages facta [est], incendia°, rapinae, interfectiones, excruciationes hominum. Verum est, multa audivimus, omnia gemuimus, saepe flevimus, vix consolati sumus ; non abnuo, non nego multa nos audisse, multa in illa urbe esse commissa. [...]

Quidquid hic* passus fuerit** homo, si corrigatur, emendatio est. [...]

Utinam videre possimus animas sanctorum qui in illo bello mortui sunt ! Tunc videretis quomodo Deus pepercit civitati.

An putatis, fratres, civitatem in parietibus et non in civibus deputandam [esse] ?

* hic : ici, dans discours chrétien, ici-bas

** vb *patior*

.................................................................................................................................

.................................................................................................................................

.................................................................................................................................

.................................................................................................................................

.................................................................................................................................

.................................................................................................................................

## Vocabulaire

- *horrendus, a, um* : effroyable
- *nuntio, as, are, avi, atum* : annoncer
- *strages, is*, f. : ruines, massacre
- *rapina, ae* f. : vol, pillage
- *interfectio, onis*, f : meurtre
- *excruciatio, onis*, f. : martyre
- *mortuus, a, um* : mort
- *paries, etis*, m. : mur, muraille
- *vix* : à peine, difficilement
- *consolo, are, avi, atum* : consoler
- *gemo, is, ere, ui, itum* : gémir ; (tr.) gémir sur
- *fleo, es, ere, evi, etum* : pleurer
- *abnuo, is, ere, ui* : faire signe que non, nier
- *emendatio, onis*, f. : (chrét.) conversion
- *corrigo, is, ere, rexi, rectum* : redresser, réformer, guérir
- *deputo, as, are, avi, atum* : estimer, imputer à

**Civilisation**

### Rome et les Barbares

Depuis au moins depuis 102-101 av. J.-C. et la menace sur la Narbonnaise des Cimbres et des Teutons, les Romains ont à lutter contre les « barbares », entendus comme ceux qui n'ont pas lié *amitié* avec eux.

Mais vient un temps où Rome ne peut plus endiguer la pression des Barbares aux frontières de l'Empire divisé entre Orient et Occident.

406 : Vandales, Alains et Suèves traversent le Rhin, ravagent la Gaule.

410 : Sac de Rome par le Wisigoth Alaric.

439 : Carthage tombe aux mains des Vandales.

476 : Le dernier empereur de Rome abdique : un chef germanique devient roi d'Italie, la Gaule est gouvernée par les Francs, les Burgondes et les Wisigoths, l'Afrique romaine par les Vandales.

L'Empire romain d'Orient dure juqu'en 1453. (conquête ottomane)

Leçon 30

# Les indéfinis (3)
# L'emploi du pronom neutre

## I. *Les pronoms-adjectifs indéfinis (3), composés de* quis : quidam, aliquis, quis, quisque

Sauf quelques différences (en gras), ils se déclinent comme le pronom interrogatif *quis, quae, quid* et l'adjectif interrogatif *qui, quae, quod*.

- Pr. ***quidam***, *quaedam, quiddam* — Adj. *quidam, quaedam, quoddam*
  un homme, quelqu'un, quelque chose — un certain, un

→ désigne quelqu'un que l'on peut nommer.

- Pr. *aliquis*, ***aliqua***, *aliquid* — Adj. *aliqui(s)*, ***aliqua***, *aliquod*
  N. Acc. n. pl. ***aliqua***
  *quelqu'un, quelque chose* — *quelque*

→ Sens plus vague que *quidam* ; sert aussi à indiquer une construction verbale dans le dictionnaire : *nocere alicui* : nuire à quelqu'un.

→ Après *si, nisi, ne, num*, on emploie *quis* à la place de *aliquis*.

➡ *Rogo num quis veniat.* Je demande si quelqu'un vient.

- Pr. **quisque**, **quaeque**, **quidque**, — Adj. **quisque**, **quaeque**, **quodque**
  *chacun, chaque chose* — *chaque*

→ Ne s'emploie jamais en tête de phrase, s'emploie surtout après :

- les réfléchis *se* et *suus* : « *Ipse se quisque diligit* » (Cicéron), « Chacun aime sa propre personne » ;
- un superlatif : *Fortissimus quisque militum*, Tous les soldats les plus audacieux ;
- un adjectif ordinal : *Sexto quoque anno*, Tous les cinq ans ;
- un relatif, un interrogatif, *ut* (« selon que »). « *Quod cuique obtigit, id quisque teneat* », (Cicéron, *Off.* I, 21) : « Que chacun conserve ce qui lui est échu en partage ».

**Remarque**

Dans les autres cas, on emploie ***omnis*** ou ***unusquisque***, chacun, chaque : les deux éléments se déclinent. ➡ G. *uniuscujusque*.

## 2. L'emploi du pronom neutre

- Pour éviter la confusion du neutre avec le masculin au G. D. Abl., on emploie le mot *res* : *servire alicui*, être l'esclave de quelqu'un ; *servire alicui rei*, être l'esclave de quelque chose.

> **Remarque**
> Attraction : le pronom neutre prend le genre de son attribut : ***Ista*** *est vis !* = *Istud est vis !*

- Le pronom neutre peut avoir un nom cpl. au génitif. Le latin écrit plus volontiers : Pr + cpl. G. / au lieu de Adj. + N.

➥ *Hoc muneris / hoc munus.*

➥ *Quid muneris ? / quod munus ?*

➥ *Nihil muneris / nullum munus.*

➥ *Hoc tibi muneris do*, c'est le cadeau que je te fais.

- Il peut être suivi d'un adj. cpl.
  - au N. si adj. 2e classe ou 1re classe avec un complément : *nihil utile*, rien d'utile ; *nihil homine alienum*, rien qui soit étranger à l'homme.
  - au G. si adj. 1re classe : *nihil novi*, rien de neuf. *Quid novi ?*
- Emploi très libre comme **accusatif de relation** (relativement à...) à la place d'un autre cas. ➥ *Istud gaudes*, tu te réjouis de cela (au lieu de l'abl.)

# Vocabulaire

- *ratio, onis* f. : calcul, compte, intérêt, raison, avis
- *mirum est* : il est étonnant (de voir)
- *singuli, ae, a* : un par un
- *condicio, onis*, f. : condition, état
- *sepelio, is, ire, ivi, sepultum* : ensevelir
- *heu* : hélas
- *unda, ae* f. : flot, vague
- *monumentum, i* n. : tout ce qui rappelle qn ou qc, qui perpétue le souvenir
- *juvo, as, are, juvi, jutum* : aider : + inf. : il est utile de ; faire plaisir
- *exedo, is, ere, edi, esum* : manger, dévorer, consumer
- *passim*, adv. : de tous côtés
- *corruo, es, ere, ui* : s'écrouler
- *cinis, eris*, m. : la cendre
- *fiducia, ae* f. : confiance, assurance
- *campus, i* m. : plaine, champ
- *ingens, tis* : immense, très grand
- *addo, is, ere, didi, ditum* : ajouter

## Exercices

### 1. *Traduire les constructions verbales*

parco alicui, parco alicujus rei ..........................................................................

aliquem ab aliqua re impedire ..........................................................................

alicui aliquid polliceri ..........................................................................

suadeo alicui, suadeo aliquid ..........................................................................

alicui rei studere ..........................................................................

### 2. *Traduire*

Nihil temporis otio dedit.

..........................................................................

Meus filius mihi est carus, suus cuique (est carus). (d'après Plaute, *Les Captifs*, v. 399)

..........................................................................

Homo sum ; nihil humani° a me alienum puto. (Térence)

..........................................................................

Ferocissimus quisque juvenum cum armis adest.

..........................................................................

Justitiae° praeceptum est : suum cuique. (s.e. suum bonum est cuique)

..........................................................................

Suae quisque fortunae faber est.

..........................................................................

Non ergo fortuna homines aestimabo°, sed moribus. Sibi quisque dat mores : condicionem casus assignat° (Sénèque).

..........................................................................

..........................................................................

Unusquisque aliquid suis timoris addebat.

..........................................................................

### 3. *Version*

Nunc juvat exesas passim spectare columnas
et passim veterum templa sepulta deum*,
Nunc Martis campum, Thermas° Circumque° Forumque,
 nunc septem colles et monumenta virum** [...]
Heu ! tantum imperium terrisque undisque superbum
 et ferro et flamma corruit in cineres ! [...]

Disce hinc humanis quae sit fiducia rebus :

hic tanti cursus tam brevis imperii ;

Roma ingens periit...

(Joachim du Bellay)

..........................................................................................................................

..........................................................................................................................

..........................................................................................................................

..........................................................................................................................

..........................................................................................................................

..........................................................................................................................

..........................................................................................................................

..........................................................................................................................

..........................................................................................................................

**Aide à la traduction**

**deorum ; **virorum ; humanis rebus

CIVILISATION

## LE LATIN APRÈS ROME : « ROME N'EST PLUS DANS ROME »

Il ne suffit pas d'être à Rome pour écrire latin, comme semble le dire Ronsard à son ami du Bellay : « Cependant que tu vois le superbe rivage / De la rivière Tusque et le Mont Palatin / Et que l'air des Latins te fait parler latin ».

Après les invasions barbares (Ve s.), le latin va rester plus de dix siècles, au moins jusqu'au XVIIe siècle, une langue vivante, qui dans le Moyen Âge chrétien, dans l'Europe de la Renaissance et l'Europe classique est « le véhicule de l'universalité » (A. Michel). Depuis la traduction de la Bible en latin par saint Jérôme, la Vulgate (IVe s.), il est la langue des théologiens et de l'Église : au Moyen Âge Bernard de Clairvaux, Thomas d'Aquin, Bonaventure... écrivent en latin. Des grands textes de la Renaissance, qui fondent l'esprit moderne, sont écrits en latin : Pic de la Mirandole, *Oratio de hominis dignitatis*, Érasme, *L'Éloge de la Folie*, Thomas More *Utopia*, et même les lettres de Christophe Colomb sur la découverte du *Mundus novus*... Au XVIIe siècle, le latin est la langue des savants comme Descartes : *ego sum, ego existo.*

Ainsi cette langue a-t-elle été pendant de très longs siècles le terreau de la civilisation occidentale. Qui peut s'honorer d'une telle longévité et d'une pareille fécondité ?

## La mesure du temps

On compte **les années** à partir de la date supposée de la fondation de Rome, *ab Urbe condita :* 753 av. J.-C.

*Anno ducentesimo Urbis conditae / ab urbe condita*, en l'an 200 (200$^{e}$) de la fondation de Rome = 554 av. J.-C. On écrit :

**A. (ab Urbe condita) + la date : A. 696 = 58 av. J.-C.**

Pour transposer dans le calendrier moderne, on compte : 753 – la date + 1

En réalité, on les désigne le plus souvent par le nom des consuls en fonction : **L. Caesare et C. Figulo consulibus** (Salluste), sous le consulat de L. César et C. Figulus = 64 av. J.-C.

Les mois (*mensis, is*, m. « le mois ») sont : *Mensis Januarius, Februarius, Martius, Aprilis, Maius, Junius, Quintilis / Julius, Sextilis / Augustus, September, October, November, December.*

Ce sont des adjectifs : *mensis Januarius...*

*Januarius* est consacré à Janus, dieu des commencements, parce que Januarius est le mois qui suit le solstice d'hiver et que les jours commencent à allonger. *Februarius* est le mois où l'on purifie la cité selon le rite appelé *februa*. *Mars* : dédié au dieu Mars ; jusqu'en 153 av. J.-C., l'année commençait le 1$^{er}$ mars avec le début de la saison de la guerre. *Aprilis* est dédié à Vénus (son nom en étrusque), *Maius* est dédié à Maia, mère de Mercure, *Junius* à Junon. Les mois suivants sont désignés par leur rang jusqu'à ce que *Julius* et *Augustus* remplacent *Quintilis* et *Sextilis* en l'honneur de Jules César et d'Auguste.

Les trois repères du mois sont originellement liés au cycle lunaire : les Calendes, *Kalendae, arum*, jour de la nouvelle lune, le 1$^{er}$ du mois ; les Nones, *Nonae, arum*, apparition du 1$^{er}$ quartier, le 5 ou le 7 ; les Ides, *Idus, uum* f., pleine lune, le 13 ou le 15.

On donne la date à partir de ces repères mais en reculant.

```
          Kalendis Martiis      Nonis Martiis     Idibus Martiis
---------|--------◊------------|------◊-----------|-----◊-----------|------------→
Ex.  26 février                4 mars             14 mars            20 mars
```

***ante diem quartum Kalendas Martias*** ***pridie Idus Martias***

Pour donner la date, on se sert de l'ordinal : *primus, secundus, tertius...*

Dans le calcul des intervalles, les Romains comptent le point de départ et le point d'arrivée.

*die quarto ante Kalendas Martias* devient > *ante diem quartum Kalendas Martias* abrégé en *a.d. IV. Kal. Mart.*

- 26 février = 4 jours avant les Calendes de Mars *ante diem quartum Kalendas Martias*
- 4 mars = 4 jours avant les Nones de Mars *ante diem quartum Nonas Martias*
- 14 mars = la veille des Ides de Mars *pridie Idus Martias*
- 20 mars = 13 jours avant les calendes d'Avril *ante diem tertium decimum Kalendas Apriles*

| mars-mai juill.-oct. | janv.-août déc. | avril-juin sept.-nov. | février | |
|---|---|---|---|---|
| **1er** | | **1er** | | **Kalendis** |
| 2 | | – | | a.d. VI Nonas |
| 3 | | – | | a.d. V Nonas |
| 4 | | 2 | | a.d. IV Nonas |
| 5 | | 3 | | a.d. III Nonas |
| 6 | | 4 | | pridie Nonas |
| **7** | | **5** | | **Nonis** |
| 8 | | 6 | | a.d. VIII Idus |
| 9 | | 7 | | a.d. VII Idus |
| 10 | | 8 | | a.d. VI Idus |
| 11 | | 9 | | a.d. V Idus |
| 12 | | 10 | | a.d. IV Idus |
| 13 | | 11 | | a.d. III Idus |
| 14 | | 12 | | pridie Idus |
| **15** | | **13** | | **Idibus** |
| – | 14 | – | – | a.d. XIX **Kalendas** |
| – | 15 | 14 | – | a.d. XVIII " |
| 16 | 16 | 15 | – | a.d. XVII " |
| 17 | 17 | 16 | 14 | a.d. XVI " |
| 18 | 18 | 17 | 15 | a.d. XV " |
| 19 | 19 | 18 | 16 | a.d. XIV " |
| 20 | 20 | 19 | 17 | a.d. XIII " |
| 21 | 21 | 20 | 18 | a.d. XII " |
| 22 | 22 | 21 | 19 | a.d. XI " |
| 23 | 23 | 22 | 20 | a.d. X " |
| 24 | 24 | 23 | 21 | a.d. IX " |
| 25 | 25 | 24 | 22 | a.d. VIII " |
| 26 | 26 | 25 | 23 | a.d. VII " |
| 27 | 27 | 26 | 24 | a.d. VI " |
| 28 | 28 | 27 | 25 | a.d. V " |
| 29 | 29 | 28 | 26 | a.d. IV " |
| 30 | 30 | 29 | 27 | a.d. III " |
| 31 | 31 | 30 | 28 | pridie |

## Exercice

***Traduire ces phrases du courrier de Cicéron et transcrire les dates.***

Haec scripsi a.d. XVI. Kal. Februarias ante lucem ; eo die senatus erat futurus.

..........................................................................................................................................

..........................................................................................................................................

Res ante Idus acta sic est (nam haec Idibus mane scripsi)

..........................................................................................................................................

Thessalonicam a.d. X. Kal. Junias venimus.

..........................................................................................................................................

(en-tête de lettre) Scr. Romae Id. Jan. a. 698/ 56

..........................................................................................................................................

(en-tête de lettre) Scr. Thessalonicae a.d. XII. Kal. Sext. a. 696 / 58

..........................................................................................................................................

Postquam Pompeius et apud populum a.d. VII Idus Februarias clamore et convicio jactatus est...

..........................................................................................................................................

..........................................................................................................................................

Idibus Januariis in senatu nihil est confectum

..........................................................................................................................................

**Aide à la traduction**

*senatus* : la séance du Sénat ; *mane* : le matin ; *scr.* = scriptum / scripta (epistula) ; *XII Kal.* = *a.d. XII. Kal.* ; *jacto, as, are, avi, atum* : remuer, poursuivre ; *convicium, ii*, n. : dispute, reproche, injure ; le latin dit *scripsi* en se projetant par anticipation au moment où sera lue la lettre, en français, on reste au présent.

# VERSIONS +

## LEÇON 17

### *Traduire un passage de* La Guerre des Gaules *: Victoire de César à Alésia. Phrase 1, il y 2 ablatifs absolus et 2 relatives.*

Ejus adventu ex colore vestitus cognito quem in proeliis habere consueverat, turmisque equitum et cohortibus visis quae cum eo veniunt, hostes proelium committunt. Utrimque milites clamorem tollunt. Nostri gladiis rem gerunt. Cohortes aliae appropinquant. Hostes terga vertunt ; fugientibus equites occurrunt. Fit magna caedes. Pauci incolumes in castra redeunt. (D'après César, *Guerre des Gaules*, VII, 88)

**Aide à la traduction**

ejus adventu : l'arrivée de César ; terga vertunt : ils tournent le dos ; fit : il y a ; utrimque : de part et d'autre ; aliae : d'autres

..........................................................................................................................................

..........................................................................................................................................

..........................................................................................................................................

..........................................................................................................................................

..........................................................................................................................................

..........................................................................................................................................

## VOCABULAIRE

- *adventus, us*, m. : venue
- *color, oris*, m. : couleur
- *vestitus, us*, m. : vêtement
- *cognosco, is, ere, gnovi, gnitum* : apprendre, reconnaître
- *consuesco, is, ere, suevi, suetum* : s'accoutumer ; avoir coutume (passé)
- *gladium, ii*, n. : le glaive
- *occurro, is, ere, curri, cursum*, +D. courir au-devant de
- *appropinquo, as, are, avi, atum* : s'approcher de
- *proelium, ii*, n. : le combat
- *turma, ae*, f. : escadron
- *eques, itis*, m. : cavalier
- *cohors, tis*, f. : cohorte
- *clamor, oris*, m. : cri
- *tollo, is, ere, sustuli, sublatum* : lever, soulever, élever
- *fugio, is, ere, fugi,-* : fuir
- *committo, is, ere* ... : unir, assembler, engager (le combat)
- *incolumis, e* : sain et sauf

## LEÇON 27

***Version : le spectacle du monde dans* Le Songe de Scipion *: le soleil et la terre. Lire auparavant la page de civilisation.***

## VOCABULAIRE

- *obtineo, es, ere tinui, tentum* : tenir solidement, occuper
- *sol, solis*, m. : le soleil
- *lumen, inis*, n. : la lumière
- *magnitudo, inis* f. : la grandeur
- *lustro, as, are, avi, atum* : purifier par un sacrifice ; tourner autour, avec *luce*, parcourir de sa lumière
- *regio, onis*, f. : direction, ligne, région
- *infimus, a, um* : le plus bas, le dernier
- *tellus, uris*, f. : la terre, le globe terrestre ; *Tellus* : la déesse Terre
- *Mercurius, ii* : Mercure
- *temperatio, onis* f. : action de tempérer, de régler
- *cunctus, a, um* : tout entier
- *comes, itis*, m. f. : compagnon, compagne
- *reliquus, a, um* : qui reste
- *compleo, es, ere, plevi, pletum* : remplir
- *cursus, us* m. : course, cours (des étoiles)
- *subter*, adv. : au-dessous
- *moderator, oris*, m. : celui qui modère, qui règle
- *nonus, a, um* : neuvième
- *Venus, Veneris* : Vénus

Deinde subter mediam fere regionem Sol obtinet, dux et princeps et moderator luminum reliquorum, mens mundi et temperatio, tanta magnitudine, ut cuncta sua luce lustret et compleat. Hunc, ut comites, consequuntur Veneris alter, alter Mercurii cursus [...] Nam ea, quae est media et nona, Tellus, neque movetur et infima est. (Cicéron, *Le Songe de Scipion*)

**Aide à la traduction**

cursus = duo cursus > duo cursus hunc consequuntur, alter..., alter...

..............................................................................................................................

..............................................................................................................................

..............................................................................................................................

..............................................................................................................................

..............................................................................................................................

..............................................................................................................................

..............................................................................................................................

## LEÇON 29 : « SI » + DISCOURS INDIRECT

### *Traduire. Dans le* De Amicitia, *Lélius cite Archytas de Tarente*

Archytas dixit si quis* in caelum ascendisset naturamque mundi et pulchritudinem siderum perspexisset, insuavem illam* admirationem° ei fore*, quae jucundissima fuisset*, si aliquem, cui narraret, habuisset., 88

***quis = aliquis = quelqu'un**

- propos rapportés : infinitive, *fore* : infinitif futur de *esse*, ici irréel du passé, traduction par un conditionnel présent
- *illam admirationem quae* : *illam* annonce *quae*
- distinguer *fore* : traduction par conditionnel présent / *fuisset* : traduction par conditionnel passé

## Vocabulaire

- *ascendo, is, ere, scendi, scensum* : monter
- *caelum, i,* n. : le ciel
- *mundus, i,* m. : le monde, l'univers
- *pulchritudo, inis,* f. : la beauté
- *sidus, eris,* n. : étoile
- *perspicio, is, ere, spexi, spectum* : regarder (attentivement)
- *insuavis, e* : qui n'est pas doux
- *narro, as, are, avi, atum* : raconter

# CORRIGÉS

## Leçon 1

2. Viator, quod tu es, ego fui ; quod nunc sum, et tu eris.
3. sujet / N. ; attribut du sujet / N. ; COD / Acc. ; complément du nom / G.

   // CC de lieu / abl. ; CC de cause / abl. ; apostrophe / vocatif
4. 2$^{e}$ ; 5$^{e}$ ; 4$^{e}$ ; 3$^{e}$ ; 5$^{e}$ ; 3$^{e}$ ; 1$^{re}$ ; 4$^{e}$ ; 2$^{e}$ ; 2$^{e}$
5. aetat- ; jur- ; gener- ; mont-

## Leçon 2

1. apposé au sujet : *rosa* / sujet : *rosae* / COD *rosas* / COD *rosam* / apostrophe : *rosae* / comp. du nom *rosarum* / comp. attribution : *rosae.*
2. une vie agréable : *jucunda vita, jucunda vita, jucundam vitam, jucundae vitae, jucundae vitae, jucunda vita* ; une jeune fille joyeuse : *laetae puellae, laetae puellae, laetas puellas, laetarum puellarum, laetis puellis, laetis puellis.*
3. Agricolae est terram colere ; nautae est navigare ; athletae est vincere ; puellarum est deas colere.
4. Puellis sunt rosae ; bonae puellae ancillis est jucunda vita ; athletae est bona fama.
5. C'est la fortune qui dirige la vie, non la sagesse ; beaucoup se soucient de leur réputation.

## Leçon 3

1. do, das, dat, damus, datis, dant ; video, vides, videt, videmus, videtis, vident ; colo, colis, colit, colimus, colitis, colunt ; facio, facis, facit, facimus, facitis, faciunt ; audio, audis, audit, audimus, auditis, audiunt.
2. datis ; ambulat ; colitis ; timeo ; venit ; est ; ridetis ; vocant ; vincit.
3. Deam colis. Epistulam scribimus. Ancillae puellas curant. Dominae filius et filia poetam laudant. Romae ambulatis. Fortuna victoriam Romae dat. Ancillae dominae invident.
4. Il vainc deux fois celui qui se dépasse lui-même dans la victoire. Celui qui écrit lit deux fois. Il donne deux fois celui qui donne vite. Je pense, donc je suis.

## Leçon 4

1. Bonus dominus, bone domine, bonum dominum, boni domini, bono domino, bono domino ; miser vir, miser vir, miserum virum, miseri viri, misero viro, misero viro ; laeti pueri, laeti pueri, laetos pueros, laetorum puerorum, laetis pueris, laetis pueris ; antiqua templa, antiqua templa, antiqua templa, antiquorum templorum, antiquis templis, antiquis templis.
2. *ad deos* cpl. circ. de lieu ; *deorum* : cpl. du nom : deus, ><, deum, dei, deo, deo, dei, dei, deos, deorum, deis/ dis, deis/dis ; *patriam et victoriam :* c.o.d. : patria, patria, patriam, patriae, patriae, patria ; victoriae, victoriae, victorias, victoriarum, victoriis, victoriis ; *optimi, maximi :* épithètes de *Jovis* ; *antiquum*, épithète de *decus*.
3. Le propre de l'homme de bien est de ne pas savoir commettre une injustice. <Bien se porter et savoir > La santé et la sagesse sont les deux biens de la vie.

## Leçon 5

1. Le maître se promène avec ses enfants sur le forum romain. Horatius Coclès se bat contre le peuple étrusque et fait obstacle aux Etrusques. La réputation d'Horatius est grande parce qu'il combat pour la patrie. Après la guerre, Horatius est célèbre à cause de sa victoire. Les jeunes filles et les servantes cueillent des roses chez la maîtresse. le poète écrit une belle fable à la maîtresse. Le peuple romain est enclin à la guerre parce que les peuples voisins s'opposent à Rome.
2. Nous commandons ; il s'oppose ; ils sont absents ; tu peux ; vous êtes utiles ; il est présent, il aide ; ils peuvent ; il survit.
3. Un grand homme peut sortir d'une chaumière. Un homme de bien peut être appelé malheureux, (mais) il ne peut pas l'être. Les mauvaises gens ne peuvent être amis avec les gens de bien.

## Leçon 6

1. **Sg.** senex, senex, senem, senis, seni, sene ; virtus, virtus, virtutem, virtutis, virtuti, virtute ; nomen, nomen, nomen, nominis, nomini, nomine. **Pl.** homines, homines, homines, hominum, hominibus, hominibus ; tempora, tempora, tempora, temporum, temporibus, temporibus.
2. **Sg.** novus consul, nove consul, novum consulem, novi consulis, novo consuli, novo

consule ; **Pl.** novi consules, novi consules, novos consules, novorum consulum, novis consulibus, novis consulibus.

**Sg.** bonus civis, bone civis, bonum civem, boni civis, bono civi, bono cive ; **Pl.** boni cives, boni cives, bonos cives, bonorum civium, bonis civibus, bonis civibus.

3. a) Tullius salue sa chère Terentia, sa chère Tullia, son cher Cicéron,

   Je vous adresse moins souvent des lettres que je ne le pourrais, parce que tous les moments sont douloureux pour moi ; quand je vous écris ou que je lis vos lettres, je suis accablé par les larmes.

b) Terentia Ciceronis uxor est. Ciceronis uxoris nomen Terentia est. Ciceroni filius filiaque sunt. Cicero et Terentia Tulliae parentes sunt. Tullia Ciceronis soror est.

4. La solitude est la mère du souci. Les vices sont souvent voisins des vertus. Celui qui craint un ami ne connaît pas la force/ la valeur de ce nom. Un esprit sain dans un corps sain. Le travail nourrit les cœurs généreux. L'homme est un loup pour l'homme.

## Leçon 7

1. poteram, poteras poterat, poteramus, poteratis, poterant ; potero, poteris, poterit, poterimus, poteritis, poterunt ; nocebam, nocebas, nocebat, nocebamus, nocebatis, nocebant ; nocebo, nocebis, nocebit, nocebimus, nocebitis nocebunt ; legebam, legebas, legebat, legebamus, legebatis, legebant ; legam, leges, leget, legemus, legetis, legent.
2. je trouverai ; nous nous réjouirons ; il donnait ; tu liras ; je craindrai ; il cherchait ; tu vaincras ; il était absent ; nous cultivons ; nous cultiverons ; tu vaincs ; il faisait ; tu dis ; il dira ; vous dirigiez ; il disait ; tu donneras ; vous viendrez ; vous venez ; tu crains ; il trouvait ; tu crains ; tu écriras.
3. Sg. usus, usus, usum, usus, usui, usu ; Pl. usus, usus, usus, usuum, usibus, usibus ; pl. tempora, tempora, tempora, temporum, temporibus, temporibus ; sg. populus, popule, populum, populi, populo, populo.
4. Le hasard nuit facilement à ce qui est élevé. Les grands dons de la fortune ne sont pas sans crainte > ne manquent pas d'être suivis de crainte. C'est la réflexion, et non l'âge, qui (trouve) fait la sagesse. La fortune donne beaucoup de choses en usage, rien en propriété. Quand tu te réjouiras beaucoup, tu craindras beaucoup.

## Leçon 8

1. Paterfamilias in villam it. Paterfamilias Roma / ex urbe venit. Puellae ancillaeque in horto ambulant. Cato ruri / in villa sua vivere amat. Miles domum / Romam it. Puellae e templo veniunt. Pueri humi sedent.
2. Ite Romam quod illic multa pulchra templa sunt. Allez à Rome parce qu'il y a là-bas beaucoup de beaux temples. Militum manus fortissima erat cum hostibus oberat. La troupe de soldats était très courageuse quand elle s'opposait aux ennemis.
3. Et quand nos ancêtres louaient l'homme de bien, ils louaient par là le bon paysan et le bon cultivateur. Des paysans sont nés à la fois des hommes très courageux et des soldats très vaillants.

   Les devoirs du père de famille. Quand il vient à la ferme, le père de famille salue le Lare domestique et le même jour, s'il peut, il fait le tour de sa propriété.
4. Pratiquez la piété, faites des vœux aux dieux, défendez par les armes la patrie, vos parents, vos enfants, vos chastes épouses, repoussez l'ennemi par l'épée, soulagez vos amis, épargnez les malheureux, favorisez les justes, opposez-vous aux méchants.

## Leçon 9

1. Divitis domini, divitum dominorum ; pauperes cives, pauperibus civibus ; magna urbe, magnis urbibus ; prudentem virum, prudenti viro.
2. dignior, dignissima ; honestior, honestissimus ; prudentior / prudentius, prudentissimus, a, um ; facilius, facillimum ; pauciores, paucissimi.
3. maximas, gratissimum, miserrimus, maximo. fidissima optima carissima. À Atticus. Terentia exprime souvent sa très grande reconnaissance envers toi. Cela m'est très agréable. Quant à moi, je vis très misérable et je suis accablé par la plus grande douleur.

   Ma Terentia, la plus fidèle et la meilleure des épouses, et ma très chère petite fille, et (toi) Cicéron, mon dernier espoir, portez-vous bien.
4. Peu de choses manquent à la pauvreté, tout manque à l'avarice. Quand le pauvre

commence à imiter le riche, il périt. C'est un travail très difficile que de plaire à beaucoup.

**Leçon 10**

1. *Pulcherrima / maxima*, Rome était la plus belle/ grande ville d'Italie. *Honestior*, L'homme de bien a une vie plus honorable que le mauvais. *Facilius*, il est plus facile de vivre à la campagne qu'à la ville. *Clarissimus /optimus*, Cicéron est le plus célèbre/ meilleur des consuls. *Majorem*, les dieux donnaient une plus grande sagesse aux vieillards qu'aux jeunes gens.
2. res publica, res publica, rem publicam, rei publicae, rei publicae, re publica ; duo dies, duo dies, duorum dierum, duobus diebus, duobus diebus ; totus populus, tote popule, totum populum, toti populi, toto populo, toto populo ; nullus civis, (nulle civis), nullum civem, nulli civis, nullo civi, nullo cive.
3. rem familiarem ; rei publicae ; rem rusticam ; divinas humanasque res
4. Tu seras toujours pauvre, si tu es pauvre, Émilien / les richesses, aujourd'hui, ne sont données à personne, sauf aux riches.

   L'usage de toutes les choses / l'expérience est le meilleur maître.

   L'attitude la plus sûre est de ne rien craindre, excepté Dieu.

   Un jour enseigne l'autre = idée que chaque jour est une leçon pour le suivant.

   Je crains l'homme d'un seul livre.

**Leçon 11**

1. *timeo*, craignant ; *scribo*, écrite ; *video*, vu ; *scribo*, écrivant ; *scio*, sachant ; *fugio*, fuyant ; *do*, donné ; *moneo*, averti.
2. *dicens*, disant, *dictus*, dit ; *faciens*, faisant, *factus*, fait ; *laudans*, louant, *laudatus*, loué ; *videns*, voyant, *visus*, vu ; *vinciens*, vainquant, *victus*, vaincu.
3. sapientia a viro bono quaesita ; urbs tempore deleta ; ager ab agricola cultus ; salus a Cicerone data ; puella laude delectata ; deus a Romanis cultus.
4. La première de toutes, la Sicile fut appelée une province. Elle fut la seule d'une si grande fidélité et bienveillance à l'égard du peuple romain. Je rappellerai le pillage d'une seule ville, la plus belle de toutes, Syracuse.
5. *fugiens*, veniens. Segeste est une place forte très ancienne en Sicile qu'Enée, fuyant Troie et arrivant en ces lieux, a fondée.

   Il y avait chez les habitants de Ségeste une statue de Diane en bronze entourée d'une très grande et très ancienne vénération, et achevée par ailleurs avec un travail et un art rares.

**Leçon 12**

1. je me promenai ; tu as cultivé ; il avait dit ; j'aurai donné ; ils firent ; ils ont pu ; vous avez vécu ; j'ai lu ; avoir porté ; il avait écrit ; ils auront lu ; nous cherchâmes ; nous cherchons ; être venu ; il aura vu ; ils étaient allés ; il porta ; il sort ;il avait craint ; ils fondèrent.
2. dedisse ; vidisse ; afuimus ; metuisti ; nocuerunt ; pugnaverint ; gratias egistis ; potuerint ; vidit ; videt ; scierunt.
3. e marmore, ex aere, egregia venustate, virginali habitu et vestitu

   Il y avait cette statue de Cupidon en marbre, de l'autre côté un Hercule remarquablement fait en bronze. Il y avait en outre deux statues de bronze, pas très grandes, mais d'une beauté exquise, ayant l'allure et la parure de jeunes filles.
4. Mais de nombreux mortels, voués à leur ventre et au sommeil, grossiers et incultes, traversèrent la vie comme des voyageurs.

   Mais d'Étrurie, les ennemis sans relâche et qui s'armaient chaque année ont été les Véiens. Une famille, à elle seule, celle des Fabius, mena contre eux une guerre privée (faite à leurs frais).

   La Grèce conquise a conquis son farouche vainqueur et a apporté les arts dans le rustique Latium.

**Leçon 13**

1. la guerre ayant été accomplie ; les soldats faisant route ; la nouvelle à peine reçue ; le père ayant beau avertir ses enfants ; les ennemis prenant la fuite ; le patrimoine ayant été donné aux enfants ; l'homme de bien cherchant la sagesse.
2. Les citoyens fuient hors de la ville conquise ; La ville ayant été conquise, les citoyens fuient. Deux consuls ayant été choisis parmi les sénateurs, la république était en sûreté ; Les hommes choisis pour le sénat siègent à la curie. Le temps fuyant, les hommes cherchent la meilleure vie possible. Le temps qui fuit presse les hommes.
3. Domino in forum eunte, le maître allant au forum ; opere perfecto, l'ouvrage ayant été

achevé ; litteris ad familiares scriptis, les lettres aux familiers ayant été écrites ; Consule verba faciente, le consul parlant.

4. accepi, condiderunt, habuerunt ; Aenea duce, *Énée étant leur chef*, sedibus incertis, < *leurs demeures étant incertaines > sans demeure fixe* (abl. abs. du type *Cicero consule*). La ville de Rome, comme je l'ai entendu dire, fut fondée et habitée au début par les Troyens, qui, fuyant sous la conduite d'Énée, erraient, sans demeure fixe.
5. Le temps fuit irréparablement. La vie fuit comme l'ombre. Le jour vainc la nuit. Elles blessent toutes, la dernière tue.

## Leçon 14

1. id ; eis ; eos ; is ; eis ; id.
2. Pour moi, je suis en effet le même ; ce sont mes biens que mes ennemis m'ont enlevés, non ma personne ; je te confie les miens (ma famille) ; ce jour-là, tes petits esclaves m'ont donné une lettre venant de toi ; ce ne sont pas mes vices qui m'abattent (me perdent) mais ma vertu.
3. Les maladies de mes gens m'accablent, leur mort même, qui plus est celle de jeunes gens > Je suis accablé par les maladies de mes gens, par des morts même, et bien plus celles de jeunes gens. Il y a deux consolations, en rien égales à une si grande douleur, mais des consolations pourtant. [...] Ils demandent ce qui leur paraît bon ; j'obéis comme à des ordres. Ils partagent, donnent, lèguent, dans la limite de la maisonnée ; en effet pour les esclaves, la maison est une patrie (république) et pour ainsi dire une cité.

## Leçon 15

1. Putat eloquentiam artem magnam esse. Orator ostendit hostem patriae obesse. Dux sperat milites vi urbem capturos esse. Opportet juvenem seni gratiam habere. Dicit te in foro orationem habere debiturum esse.
2. Victurus est ; homines passuri sunt ; un peuple destiné à commander aux nations ; Aeneas novam urbem conditurus erat.
3. Et il ne m'échappe pas en effet que les plaidoyers, quand ils sont lus, perdent tout leur élan, et toute leur chaleur.

   Le discours ayant été tenu > après le discours, la légion X assura la première qu'elle était tout à fait prête à faire la guerre.
4. a) Dans les plaidoiries, ce qui fait valoir l'éloquence, c'est la mémoire, la voix, le geste, le temps et en dernier lieu la passion ou la détestation pour l'affaire.

   b. le propre de l'orateur : un discours puissant et orné, qui convient aux sentiments et à la disposition d'esprit des hommes.

## Leçon 16

1. *illo genere*, ce genre-là / cette illustre famille ; *hujus ingenii*, ce caractère-ci, mon caractère ; *istum virum*, cet homme, cet individu, ce personnage ; *illi duces*, ces chefs-là, ces fameux chefs ; *his juvenibus*, ces jeunes gens-ci / que voici ; *illarum gentium*, ces grandes familles, nations.
2. istius ; ille Cicero ; isti ; huic /illi / ei ; illi ; istud.
3. Catilina, né de noble famille, était d'une grande force et d'esprit et de corps, mais d'un caractère mauvais et dépravé. Depuis l'adolescence lui plaisaient les guerres intestines, les massacres, les rapines, la discorde civile, et c'est là qu'il exerça sa jeunesse.

   « C'est pourquoi < toute la faveur, l'honneur,> les faveurs, honneurs, magistratures et richesses sont chez eux ; à nous, ils ont laissé les échecs, les dangers, les procès, la pauvreté. »

## Leçon 17

1. Dei mortalibus adsunt quorum preces audiunt. Familiae salutem commendat amico qui optimus vir est. Juvenes, quibus majorum usus tamen prodesse potest, ut libet vitam agere volunt. Huic juventuti honos deest qui apud inimicos est.
2. **quibus**, le chef de la conjuration pousse des hommes mauvais et dépravés que la pauvreté et le manque de ressources incitent à la révolution. **quod**, Cicéron étant consul, le projet que préparait Catilina fut découvert. **qua** Caton tint un discours dans lequel il dit son avis.
3. ils voudront ; ils n'auront pas voulu ; ne voulant pas ; tu as voulu ; vous préférez ; ne pas avoir voulu ; je préférerai ; il n'avait pas voulu ; il veut.
4. Ne croyez pas que ce soit par les armes que nos ancêtres ont fait d'un petit État une grande République.

Tu as dompté des nations barbares par leur férocité, innombrables par leur multitude, immenses par leur espace, ayant en abondance toutes sortes de richesses.

**Version + César**

Comme ils ont reconnu son arrivée à la couleur du vêtement qu'il a l'habitude de porter dans les combats, et aperçu les cohortes et les escadrons de cavaliers qui le suivent, les ennemis engagent le combat. De part et d'autre, les soldats poussent une clameur. Les nôtres mènent l'affaire / l'attaque à l'épée. D'autres cohortes arrivent. Les ennemis tournent le dos ; les cavaliers vont au-devant des fugitifs. Il y a un grand massacre. Peu d'hommes rentrent sains et saufs au camp.

## Leçon 18

1. Crois-tu les paroles de ce personnage ? *minime / non credo*. Est-ce que par hasard les gens riches sont heureux ? *minime / non sunt*. Les Romains n'ont-ils pas toujours fait la guerre avec courage ? *etiam, fortiter.* Les esclaves ne pouvaient-ils pas racheter leur liberté ? *etiam*. Est-ce que par hasard il convient qu'un citoyen aide un ennemi de la république ? *non opportet*. L'homme était-il d'un talent remarquable ou non ? *egregio ingenio*.
2. *more majorum* : CC manière ; *suaviter*, CC manière ; *propter periculum*, CC cause ; *nobili modo*, CC manière ; *jure*, CC manière ; *optime*, CC manière ; *magna cura*, CC manière ; *ob eam rem*, CC cause.
3. Sous le règne de Romulus, quand, le Capitole ayant été pris par les Sabins, on se battait en plein milieu du forum, le combat n'a-t-il pas été arrêté par l'intervention des femmes entre les deux lignes de front ?

   La ville ayant déjà été prise par les Gaulois, les mères de famille n'ont-elles pas apporté en public leur or avec lequel la ville a été rachetée ?

   Dans la dernière guerre, quand on avait besoin d'argent, les richesses des veuves n'ont-elles pas aidé le trésor ?

   Proverbes : Ne me touche pas. De la fermeté dans les idées, de la douceur dans la manière.

## Leçon 19

1. **quando** matronae medium in foro venerant ? Romulo regnante, **quo** matronae venerant ? ; **cui** legi matronae fortiter oberant ? quomodo matronae improbae legi oberant ? **Cujus** adventu ... ? **Cur** milites clamorem tollunt ? **Quomodo** vivebant ... ? **Qui** milites non fugiunt ? **quot** cives ... ?
2. Neminem video. Nemini paret. Nulli rei oberat. Nullius adventum sperat.
3. Comme la ville était belle ! Que de grands hommes dans l'histoire romaine ! quel chagrin l'accable ! Avec quel grand art il tint son discours !
4. Mais quel est donc cet homme au loin qui se distingue par les rameaux de l'olivier, portant des objets sacrés ? Je reconnais les cheveux et la barbe blanche du roi romain, le premier qui fonda la ville par des lois. (Il s'agit de Numa Pompilius, second roi de Rome.)

   Voici le héros, il est celui que très souvent tu entends qu'on te promet, César Auguste, race d'un dieu, il fondera des siècles d'or > un siècle d'or.

## Leçon 20

1. il est donné ; ils étaient interrogés ; il te semble ; il sera instruit ; tu seras saisi ; nous sommes crus ; nous admirerons ; il parle ; il parlera ; suivre ; être donné ; il sera dit ; être appelé ; ils seront instruits.
2. experiemini ; legetur ; adjuvabamur ; non credetur ; pollicebamini ; uteris ; miramini ; loquebamur.
3. Amour sans merci, à quoi ne pousses-tu pas (les cœurs mortels) le cœur des mortels ?

   L'Amour vainc tout ; et nous, cédons à l'Amour.

   À Galla. Galla, dis non : l'amour se lasse si la volupté ne le tourmente pas, mais ne dis pas non trop longtemps, Galla.

   À Lesbie. Vivons, ma Lesbie, et aimons-nous [...] Donne-moi mille baisers, ensuite cent, ensuite jusqu'à mille autres, ensuite cent...

## Leçon 21

1. elles s'étaient réjouies ; avoir été inquiété ; il a parlé / il parla / il eut parlé ; elles ont suivi / elles suivirent / elles eurent suivi ; ils ont utilisé / ils utilisèrent / ils eurent utilisé ; ils furent écrits / ont été écrits / eurent été écrits ; ils auront été achevés ; elles avaient promis ; vous fûtes crus/ vous avez été crus / vous eûtes été crus ; avoir été dit (n. pl.)
2. dicitur ; creditum est ; pugnabatur ; on peut dire ; on était venu à la ville ; je crois qu'on annonce

3. Dans ma villa des Laurentes, ou je lis quelque chose, ou j'écris, ou même j'exerce mon corps. Je ne suis troublé par aucune attente, par aucune crainte et je ne suis pas inquiété par les rumeurs : je parle seulement avec moi et avec mes livres. Ô vie simple / juste et naturelle / simple ! Ô agréable et honnête loisir et presque plus glorieux que n'importe quelle occupation ! [...] Il est préférable en effet d'être dans le loisir plutôt que de ne rien faire. Porte-toi bien.

   Seuls entre tous sont dans le loisir ceux qui s'occupent de la sagesse, eux seuls vivent ; en effet, ils ne regardent pas seulement le temps de leur vie : ils y ajoutent tout le siècle / toute l'histoire.

   Quelle vie heureuse, celle qui se passe sans (les) affaires ! La discorde rend la concorde plus chère.

### Leçon 22

1. *Gaudeo quod venis.* Je te demande de me rejoindre aussitôt. Veille à bien te porter. Lisant ces textes, je ne crains pas de perdre le souvenir. Que les femmes aient osé venir au forum a paru à tous une nouveauté/ révolution. Je ne crains pas qu'ils te changent, je crains qu'ils ne t'empêchent (s.e. de changer). Quand je te demande avec tant de force d'étudier, < je mène mon affaire >, j'agis dans mon intérêt. Exhorte ton ami à mépriser ces gens avec courage. Tu attends peut-être qu'ils te disent ces mots-là.
2. Il est parvenu au plus haut degré celui qui n'a pas fait reposer son bonheur dans la main d'autrui/ celui qui n'a pas remis son bonheur au pouvoir d'autrui. Fais cela avant tout, mon cher Lucilius, apprends à te réjouir [...] Regarde dans la direction du vrai bien et réjouis-toi de ce que tu es.

   Tu penses que cela n'est arrivé qu'à toi seul et tu t'étonnes comme d'une chose nouvelle que par un si long voyage tu n'as pas écarté la tristesse et la pesanteur de ton cœur ? C'est de cœur qu'il faut changer, non de ciel. [...] Tu fuis avec toi-même/ tu t'emportes dans ta fuite. Tes vices te suivront.

### Leçon 23

1. exeundum ; fugiendum ; relinquendum ; mirandum
2. *Orator ad loquendum in forum venit. Dux milites ad pugnandum exercet.* Il est honteux de céder sous le fardeau. Il est beau de bien agir pour la république. *Miserum amicum adjuvare oportet.* L'art d'aimer. *Oratori ars bene dicendi est. Satius est studere quam nihil agere.* Je t'ai amené à lire. C'est le moment d'apprendre. Pour acquitter cette dette, le négociant a besoin d'une navigation heureuse.
3. L'habitude a accru la bienveillance. Pour ma part, je peux seulement vous exhorter à préférer l'amitié à toutes les choses humaines ; rien en effet n'est si conforme à la nature / si naturel, ne répond si bien aux moments heureux ou malheureux.

   C'est la vertu elle-même qui engendre l'amitié et la maintient et sans vertu, il ne peut en aucune manière y avoir d'amitié.

### Leçon 24

1. cupiditas delectandi otii ; ad castra ponenda ; pronus ad exercendam justitiam ; cupidus pacis faciendae ; dignus gerendo magistrato ; peritus impedienda conjuratione
2. cedamus, ne cedamus ! ; adjuvemus, ne adjuvemus ! ; solve, noli solvere, ne solveris
3. Ils choisirent ce lieu pour construire la ville. Le jeune homme doit acquérir le savoir, le vieillard doit en faire usage. Il faut vivre avec cette conviction : « Ma patrie, c'est ce monde tout entier. » Il faut déposer le fardeau du cœur. C'est l'occasion d'acquitter une dette. Si seulement je n'avais pas écrit cela. Pourvu qu'ils naissent et qu'ils changent notre douleur actuelle en joie !
4. Version Lucrèce : (Vénus) Puisque tu gouvernes seule la nature et que sans toi rien ne se lève aux rives divines de la lumière, ni n'arrive d'heureux et d'aimable, je désire que tu t'associes à l'écriture de ces vers que je commence à composer sur la nature des choses.

### Leçon 25

1. je me prépare, *coneris, conareris, conatus sim* ; je pose, *ponatur, poneretur, positus sit* ; j'augmente, *augeantur, augerentur, aucti sint* ; je suis, *sequamini, sequeremini, secuti sitis* ; j'ai l'habitude, *soleamus, soleremus, soliti simus* ; je nais, *nascaris, nascereris, natus sis.*
2. mutavisset ; abires ; audias ; audires ; secutus esset.
3. Il est honteux de penser une chose et d'en dire une autre. Apollon Pythien émit un oracle / prédit que Sparte ne mourrait de rien d'autre que de son avarice. Qu'y a-t-il de commun à tous les hommes ? L'espoir : en effet même

ceux qui n'ont rien d'autre l'ont. Les uns préfèrent les richesses, les autres la bonne santé, les autres le pouvoir, les autres les honneurs, mais très peu se donnent tout entiers à la passion d'apprendre. L'un est esclave de son plaisir, l'autre de sa cupidité, un autre de son ambition, tous le sont de l'espoir, tous de la peur.

4. relative dans une subordonnée au subjonctif, *genuimus* ; relative dans une subordonnée au subjonctif, *discesserant*.

   La nature elle-même nous pousse à aimer ceux que nous avons mis au monde. Il arriva que des soldats qui s'étaient éloignés pour aller chercher du bois fussent surpris par l'arrivée des cavaliers.

## Leçon 26

1. Il est parti parce que, à l'en croire, personne ne l'écoutait. L'œuvre te semble diffcile jusqu'à ce que tu commences à travailler. Panétius loue l'Africain, parce que, dit-il, il a été désintéressé.
2. Nous avons autant d'ennemis que d'esclaves à la maison. La parole est l'image de l'âme : tel homme, tel style de discours. À Rome il y avait autant de soldats que de citoyens. Ta lettre m'a été d'autant plus agréable qu'elle était plus longue. L'homme manque d'autant moins qu'il désire moins.
3. La vie des hommes est comme quand on joue aux dés : si ce dont on a le plus besoin n'arrive pas / ne tombe pas au lancer, ce qui tombe / arrive par hasard, fais en sorte de le corriger / exploiter avec habileté.

   J'ai découvert par l'expérience que rien n'est meilleur pour l'homme que la complaisance et la clémence.

## Leçon 27

1. Valeur consécutive, il n'y a pas en effet de puissance si grande qu'elle ne puisse pas être brisée par le fer et les armes ; valeur consécutive, il n'y a personne qui ne recherche le bonheur ; valeur de but, César envoya des cavaliers pour qu'ils arrêtent les incursions des ennemis ; valeur de cause, Ô bienheureux Achille, parce que tu as fait d'Homère le héraut de ta vertu.
2. Je t'attends et je te demande de venir < avec un cœur tel que tu ne permettes pas que je manque de ton conseil > dans un tel état d'esprit que tu me permettes de disposer de tes conseils. Tu es si fortuné et si riche que beaucoup te jalousent. Socrate disait que beaucoup d'hommes voulaient vivre pour manger et boire ; et que lui buvait et mangeait pour vivre.
3. qui que tu sois, il faut t'obéir. Quoi qu'il y ait dans ce livre, cela te sera utile. Il n'est pas libre celui qui est esclave de ses vices / quiconque est ... Il n'est pas riche celui à qui il manque beaucoup. Quoi que tu fasses, c'est bien.
4. Sénèque : Observe le cycle des choses qui retournent à elles-mêmes : tu verras que dans ce monde rien ne s'éteint, mais que (tout) alternativement descend et se lève [...] La nuit a recouvert le soleil, mais bientôt le jour la chassera. Le vagabondage des étoiles, où qu'il passe, revient toujours au même / se répète : continuellement, une partie du ciel s'élève, l'autre plonge.

**Version +**

Cicéron : ensuite, en-dessous, la région à peu près médiane est occupée par le Soleil, le chef, le premier et le régulateur des autres lumières / luminaires, intelligence et mesure du monde, d'une telle ampleur qu'il illumine et remplit tout de sa lumière. Comme des compagnons le suivent deux cours, l'un de Vénus, l'autre de Mercure [...] celle qui est au milieu et la neuvième, la Terre, ne bouge pas et est la plus basse.

## Leçon 28

1. Rends-toi heureux toi-même ; or tu le feras si tu pratiques la vertu. Je ne le ferais pas, si ce n'était pas nécessaire. Les ennemis auraient occupé Rome si Horatius ne leur avait pas fait obstacle. L'homme de bien fera ce qu'il a jugé honnête même si c'est pénible. Si ce que nous faisons n'est pas utile, la gloire en est stupide. Si vraiment c'était le moment < pour une faute >, je supporterais facilement que vous soyez corrigés par l'expérience. Si nous n'avions pas le pouvoir de combattre, je manquerais de mérite / je n'aurais pas la qualité pour donner des conseils. Tu riras, puis tu t'indigneras, puis tu riras si tu lis ce que, si tu ne le lis pas, tu ne peux pas croire.
2. Cum nostri a duce et fortuna relicti essent, tamen... ; quamquam fortunatus, aliis invidet ; ut T. Gracchus rem publicam minaretur, tamen immeritus moriebatur.
3. *auxerunt*, ils ont accru ; *anteposuerunt*, ils ont préféré ; *mutavisti*, tu as changé ; *sciverant*, ils

avaient su ; *invenerunt*, ils ont trouvé ; *exspectavissem* : que j'eusse attendu ; *expectavisse*, avoir attendu ; *sollicitavistis*, vous avez troublé.

4. Ainsi donc, en bref, ce court précepte t'est recommandé : aime et fais ce que tu veux : si tu te tais, que tu te taises par amour, si tu proclames, que tu proclames par amour, si tu pardonnes, que tu pardonnes par amour, si tu épargnes, que tu épargnes par amour : que la racine de l'amour soit en toi, rien ne peut sortir de cette racine si ce n'est du bien.

## Leçon 29

1. Te rogo quid proxima nocte egeris, ubi fueris. Te rogabam quid proxima nocte egisses, ubi fuisses. Cicero Catilinam rogavit num negare auderes / ausurus esset.
2. Ce n'est pas ce qui est fait ou ce qui est donné qu'il importe de considérer mais dans quelle disposition d'esprit. Je t'ai dit quelle avait été notre arrivée et quelle était notre situation et comment étaient / allaient toutes nos affaires. Personne ne se soucie (de savoir) comme il vit bien, mais combien de temps (il vit), alors qu'il peut échoir (revenir) à tous de bien vivre, à aucun de vivre longtemps.
3. Je t'engage à tenir bon avec patience. Je voudrais donc que tu achètes quatre colonnes de marbre. Quand tu auras déjà fait des progrès au point que < tu aies même la crainte respectueuse de toi > tu portes révérence même à ta propre personne, il sera permis que tu renvoies ton pédagogue / précepteur. (Sénèque dans les *Lettres* enseigne à Lucilius la philosophie stoïcienne.)
4. Des choses horribles nous ont été annoncées ; il y a eu massacre, incendie, vols, meurtres, martyres d'hommes. C'est vrai, nous avons entendu bien des choses, nous avons gémi sur toutes, nous avons souvent pleuré, à peine avons nous eu des consolations ; non, je ne le nie pas : nous avons entendu raconter beaucoup de maux, bien des choses terribles ont été commises à Rome [...]

   Quoi que l'homme ait souffert ici-bas, s'il se corrige, cela conduit à sa conversion [...]

   Puissions-nous voir les âmes des saints qui sont morts dans cette guerre ! Alors vous verriez comment Dieu a épargné la cité.

   Est-ce que vous croyez, mes frères, qu'une cité < est devant être estimée> vaut par ses murailles et non par ses habitants ?

**Version +**

Archytas disait que si quelqu'un était monté dans le ciel et avait contemplé la nature du monde et la beauté des étoiles, cette contemplation ne lui aurait pas été douce, elle qui / alors qu'elle aurait été très agréable s'il avait eu quelqu'un à qui la raconter.

## Leçon 30

1. épargner quelqu'un, quelque chose ; empêcher qn de faire qc ; promettre qc à qn ; conseiller qn, conseiller qc ; s'appliquer à qc
2. Il ne donna rien / pas un moment de son temps au loisir. Mon fils m'est cher, chacun aime les siens /(le sien est cher à chacun). Je suis homme ; je n'estime rien de ce qui est humain comme étranger à moi-même / Je ne considère rien d'humain comme m'étant étranger. Tous les jeunes gens les plus farouches sont présents, en armes. Un précepte de la justice est : à chacun son bien. Chacun est l'artisan de son sort. Je n'estimerai pas les hommes selon leur fortune, mais selon leurs mœurs. Chacun se donne à soi-même ses mœurs : mais le sort assigne une condition. Chacun ajoutait un peu de sa peur.
3. Il est utile de regarder désormais (le tableau) : partout des colonnes en ruine, partout les temples des dieux anciens ensevelis. Voici désormais le champ de Mars, les Thermes, le Cirque et le Forum, voici les sept collines et les traces des hommes [...] Hélas ! un empire si grand, régnant orgueilleusement sur les terres et les mers, (vaincu) par le fer et le feu, s'est écroulé en cendres ! [...] Apprends ici quelle est la solidité des choses humaines : voici la carrière si brève d'un si grand empire ; l'immense Rome a péri.

## Exercices sur la date

J'écris cela le 17 janvier avant le jour ; aujourd'hui la séance du sénat doit avoir lieu. Telle est la situation avant les Ides (en effet j'écris le jour des Ides au matin). Nous sommes arrivés à Thessalonique le 23 mai. Écrit à Rome le 13 janvier, l'année 698 de la fondation de Rome. Écrit à Thessalonique le 21 juillet, l'an 696 de la fondation de Rome. Après que Pompée, devant le peuple, a été poursuivi par les clameurs et les injures le 7 février. On n'a abouti à rien au Sénat le 13 janvier.

# TABLEAUX SYNTHÉTIQUES

## Déclinaison des noms

| 1re | Sg. | Pl. |
|---|---|---|
| N | ros**a** | ros**ae** |
| V | ros**a** | ros**ae** |
| Acc | ros**am** | ros**as** |
| G | ros**ae** | ros**arum** |
| D | ros**ae** | ros**is** |
| Abl | ros**a** | ros**is** |

| 2e | Masc. Sg. | Masc. Pl. | Neutre Sg. | Neutre Pl. |
|---|---|---|---|---|
| N | domin**us** | domin**i** | templ**um** | templ**a** |
| V | domin**e** | domin**i** | templ**um** | templ**a** |
| Acc | domin**um** | domin**os** | templ**um** | templ**a** |
| G | domin**i** | domin**orum** | templ**i** | templ**orum** |
| D | domin**o** | domin**is** | templ**o** | templ**is** |
| Abl | domin**o** | domin**is** | templ**o** | templ**is** |

| 2e | Masc. puer | Masc. ager | Masc. vir | |
|---|---|---|---|---|
| N. | puer | ager | vir | |
| V | puer | ager | vir | |
| Acc | puer**um** | agr**um** | vir**um** | |
| G... | puer**i**... | agr**i**... | vir**i**... | |

| 3e | M. F. Sg. | M. F. Pl. | Neutre Sg. | Neutre Pl. |
|---|---|---|---|---|
| N | consul | consul**es** | corpus | corpor**a** |
| V | consul | consul**es** | corpus | corpor**a** |
| Acc | consul**em** | consul**es** | corpus | corpor**a** |
| G | consul**is** | consul**um** | corpor**is** | corpor**um** |
| D | consul**i** | consul**ibus** | corpor**i** | corpor**ibu**s |
| Abl | consul**e** | consul**ibus** | corpor**e** | corpor**ibus** |

| 3e | M. F. Sg. | M. F. Pl. | Neutre Sg. | Neutre Pl. |
|---|---|---|---|---|
| N | civ**is** | civ**es** | mar**e** | mar**ia** |
| V | civ**is** | civ**es** | mar**e** | mar**ia** |
| Acc | civ**em** | civ**es** | mar**e** | mar**ia** |
| G. | civ**is** | civ**ium** | mar**is** | mar**ium** |
| D | civ**i** | civ**ibus** | mar**i** | mar**ibus** |
| Abl | civ**e** | civ**ibus** | mar**i** | mar**ibus** |

| 3e | Urbs Sg. | PL. | vis Sg. | vis Pl. |
|---|---|---|---|---|
| N | urb**s** | urb**es** | vis | vires |
| V | urb**s** | urb**es** | (vis) | vires |
| Acc | urb**em** | urb**es** | vim | vires |
| G | urb**is** | urb**ium** | >< | virium |
| D | urb**i** | urb**ibus** | >< | viribus |
| Abl | urb**e** | urb**ibus** | vi | viribus |

| 4[e] | Sg. | Pl. | 5e | Sg. | Pl. |
|---|---|---|---|---|---|
| N | man**us** | man**us** | N | **res** | **res** |
| V | man**us** | man**us** | V | **res** | **res** |
| Acc | man**um** | man**us** | Acc | **rem** | **res** |
| G | man**us** | man**uum** | G | **rei** | **rerum** |
| D | man**ui** | man**ibus** | D | **rei** | **rebus** |
| Abl | man**u** | man**ibus** | Abl | **re** | **rebus** |

| | |
|---|---|
| **Domus** sg. abl. domo loc. domi<br>pl. acc. domus / domos<br>G. domuum, domorum | 4e neutre corn**u**<br>Sg. corn**u**, corn**u**, cornu, corn**us**,<br>corn**ui**, corn**u**<br>Pl. corn**ua**, corn**ua**, corn**ua**,<br>corn**uum**, corn**ibus**, corn**ibus**. |

## Déclinaisons de adjectifs

### *1[re] classe*

| | M. Sg. | F. Sg. | N. Sg. | M. Pl. | F. Pl. | N. Pl. |
|---|---|---|---|---|---|---|
| N | bonus | bona | bonum | boni | bonae | bona |
| V | bone | bona | bonum | boni | bonae | bona |
| Acc | bonum | bonam | bonum | bonos | bonas | bona |
| G | boni | bonae | boni | bonorum | bonarum | bonorum |
| D | bono | bonae | bono | bonis | bonis | bonis |
| Abl | bono | bona | bono | bonis | bonis | bonis |

| | | | | | |
|---|---|---|---|---|---|
| miser | misera | miserum | pulcher | pulchra | pulchrum |
| miserum | miseram | miserum | pulchrum | pulchram | pulchrum |
| miseri | miserae | miseri | pulchri | pulchrae | pulchrae |
| misero | miserae | misero | pulchro | pulchrae | pulchro |
| misero | misera | misero | pulchro | pulchra | pulchro |

### *2[e] classe*

| | M. F. Sg. | N. Sg. | M. F. Pl. | N. Pl. |
|---|---|---|---|---|
| N | fortis | forte | fortes | fortia |
| V | fortis | forte | fortes | fortia |
| Acc | fortem | forte | fortes | fortia |
| G | fortis | fortis | fortium | fortium |
| D | forti | forti | fortibus | fortibus |
| Abl | forti | forti | fortibus | fortibus |

| | | | | |
|---|---|---|---|---|
| acer | acris | acre | prudens | prudens |
| acer | acris | acre | prudens | prudens |
| acrem | acrem | acre | prudentem | prudens |
| | acris | | prudentis | |
| | acri | | prudenti | |
| | acri | | prudenti (choses) / prudente (personne) | |

## Déclinaison des adjectifs (suite)

### *2^e^ classe et comparatifs*

| **Sg** | M. F. | N | M. F. | N. |
|---|---|---|---|---|
| N | vetus | vetus | doctior | doctius |
| V | vetus | vetus | doctior | doctius |
| Acc | veterem | vetus | doctiorem | doctius |
| G | veteris | veteris | doctioris | doctioris |
| D | veteri | veteri | doctiori | doctiori |
| Abl | vetere | vetere | doctiore | doctiore |
| **Pl.** | M. F. | N | M. F. | N. |
| N | veteres | vetera | doctiores | doctiora |
| V | veteres | vetera | doctiores | doctiora |
| Acc | veteres | vetera | doctiores | doctiora |
| G | veterum | veterum | doctiorum | doctiorum |
| D | veteribus | veteribus | doctioribus | doctioribus |
| Abl | veteribus | veteribus | doctioribus | doctioribus |

### *Le discours indirect*

| Au discours direct | deviennent au discours indirect |
|---|---|
| les indépendantes et les principales | ➤ des subordonnées |
| déclaratives | ➤ infinitives |
| interrogatives | ➤ interrogatives indirectes |
| impératives | ➤ au subj. sans subordonnant |
| Les subordonnées | ➤ Subordonnées |
| à l'indicatif ou au subjonctif | ➤ au subjonctif |
| infinitive et ablatif absolu | ➤ infinitive et ablatif absolu |

## Les pronoms

### *Démonstratifs*

| | | | | | | | | | |
|---|---|---|---|---|---|---|---|---|---|
| Sg. | N. | **is** | **ea** | **id** | Pl. | N. | ei, ii | eae | ea |
| | Acc. | eum | eam | id | | Acc. | eos | eas | ea |
| | G. | ejus | ejus | ejus | | G. | eorum | earum | eorum |
| | D. | ei | ei | ei | | D. | eis, iis | eis, iis | eis, iis |
| | Abl. | eo | ea | eo | | Abl. | eis, iis | eis, iis | eis, iis |

| | | | | | | |
|---|---|---|---|---|---|---|
| N. | **idem** | **eadem** | **idem** | eidem / iidem | eaedem | eadem |
| Acc. | eumdem | eamdem | idem | eosdem | easdem | eadem |
| G. | ejusdem | ejusdem | ejusdem | eorumdem | earumdem | eorumdem |
| D. | eidem | eidem | eidem | | eisdem ou iisdem | |
| Abl. | eodem | eadem | eodem | | eisdem ou iisdem | |

| | M Sg. | F Sg. | N Sg. | M Pl. | F Pl. | N Pl. |
|---|---|---|---|---|---|---|
| N. | **hic** | **haec** | **hoc** | hi | hae | haec |
| Acc. | hunc | hanc | hoc | hos | has | haec |
| G. | hujus | hujus | hujus | horum | harum | horum |
| D. | huic | huic | huic | his | his | his |
| Abl. | hoc | hac | hoc | his | his | his |

| | M Sg. | F Sg. | N Sg. | M Pl. | F Pl. | N Pl. |
|---|---|---|---|---|---|---|
| N. | **iste** | **ista** | **istud** | isti | istae | ista |
| Acc. | istum | istam | istud | istos | istas | ista |
| G. | istius | istius | istius | istorum | istarum | istorum |
| D. | isti | isti | isti | istis | istis | istis |
| Abl. | isto | ista | isto | istis | istis | istis |

| | M Sg. | F Sg. | N Sg. | M Pl. | F Pl. | N Pl. |
|---|---|---|---|---|---|---|
| N. | **ille** | **illa** | **illud** | illi | illae | illa |
| Acc. | illum | illam | illud | illos | illas | illa |
| G. | illius | illius | illius | illorum | illarum | illorum |
| D. | illi | illi | illi | illis | illis | illis |
| Abl. | illo | illa | illo | illis | illis | illis |

### *Personnels*

| **1** | | **2** | **3** (réfléchi) |
|---|---|---|---|
| Sg. N | ego | tu | >< |
| Acc. | me | te | se (sese) |
| G. | mei | tui | sui |
| D. | mihi | tibi | sibi |
| Abl. | me | te | se (sese) |
| Pl. N. | nos | vos | >< |
| Acc. | nos | vos | se (sese) |
| G. | nostrum | vestrum | sui |
| D. | nobis | vobis | sibi |
| Abl. | nobis | vobis | se (sese) |

### *Relatif*

| | M Sg. | F Sg. | N Sg. | M Pl. | F Pl. | N Pl. |
|---|---|---|---|---|---|---|
| N. | qui | quae | quod | qui | quae | quae |
| Acc. | quem | quam | quod | quos | quas | quae |
| G. | cujus | cujus | cujus | quorum | quarum | quorum |
| D. | cui | cui | cui | quibus | quibus | quibus |
| Abl. | quo | qua | quo | quibus | quibus | quibus |

***Interrogatif***

| *quis ? qui ?* | | | | *qui ? quel ?* | | | |
|---|---|---|---|---|---|---|---|
| Sg. | M. | F. | N. | Sg. | M. | F. | N. |
| | **quis** | quae | **quid** | | qui | quae | quod |
| | quem | quam | **quid ...** | | quem | quam | quod ... |

*Ils se déclinent ensuite comme le relatif*

***Indéfinis***

| | | | | | |
|---|---|---|---|---|---|
| N. | nemo | nihil | nullus | nulla | nullum |
| Acc. | neminem | nihil / nullam rem | nullum | nullam | nullum |
| G. | nullius | nullius rei | **nullius** | **nullius** | **nullius** |
| D. | nemini | nulli rei | **nulli** | **nulli** | **nulli** |
| Abl. | nullo | nulla re | nullo | nulla | nullo |

solus, totus, unus

| **Alius**, **alia**, **aliud sg.** *un autre* | | | | **alter**, **altera**, **alterum**, *l'un (de deux)* | | | |
|---|---|---|---|---|---|---|---|
| Sg. | M. | F. | N. | Sg. | M. | F. | N. |
| N. | alius | alia | aliud | | alterus | altera | alterum |
| Acc. | alium | aliam | aliud | | alterum | alteram | alterum |
| G. | [alius | alius | alius]* | | alterius | alterius | alterius |
| D. | alii | alii | alii | | alteri | alteri | alteri |
| Abl. | alio | alia | alio | | altero | altera | altero |

** Le génitif employé est* *<u>alterius</u>*

| **Pronom** | | **quidam – aliquis – quis** | | **Adjectifs** | |
|---|---|---|---|---|---|
| quidam | quaedam | quiddam | quidam | quaedam | quoddam |
| quemdam | quamdam | quiddam | quemdam | quamdam | quoddam |
| | | cujusdam cujusdam cujusdam... | | | |
| aliquis | aliqua | aliquid | aliqui(s) | aliqua | aliquod |
| aliquem | aliquam | aliquid | aliquem | aliquam | aliquod |
| | | alicujus alicujus alicujus... | | | |
| | | N. Acc. pl. n. : aliqua | | | |
| quis | quae (qua) | quid | qui | quae (qua) | quod |
| quem | quam | quid | quem | quam | quod |
| | | cujus cujus cujus... | | | |

## Les adjectifs numéraux

| Chiffres | adjectifs cardinaux | adjectifs ordinaux |
|---|---|---|
| 1 I | unus, a, um | primus, a, um / prior |
| 2 II | duo, ae, o | secundus / alter |
| 3 III | tres, tria | tertius |
| 4 IV | quattuor | quartus |
| 5 V | quinque | quintus |
| 6 VI | sex | sextus |
| 7 VII | septem | septimus |
| 8 VIII | octo | octavus |
| 9 IX | novem | nonus |
| 10 X | decem | decimus |
| 11 XI | undecim | undecimus |
| 12 XII | duodecim | duodecimus |
| 13 XIII | tredecim | tertius decimus |
| 14 XIV | quattuordecim | quartus decimus |
| 15 XV | quindecim | quintus decimus |
| 16 XVI | sedecim | sextus decimus |
| 17 XVII | septemdecim | septimus decimus |
| 18 XVIII | duodeviginti | duodevicesimus |
| 19 XIX | undeviginti | undevicesimus |
| 20 XX | viginti | vicesimus |
| 21 XXI | viginti unus / unus et viginti | vicesimus primus / unus et vicesimus |
| 22 XXII | viginti duo / duo et viginti | vicesimus alter / alter et vicesimus |
| 28 XXVIII | duodetriginta | duodetricesimus |
| 29 XXIX | undetriginta | undetricesimus |
| 30 XXX | triginta | tricesimus |
| 40 XL | quadraginta | quadragesimus |
| 50 L | quinquaginta | quinquagesimus |
| 60 LX | sexaginta | sexagesimus |
| 70 LXX | septuaginta | septuagesimus |
| 80 LXXX | octoginta | octogesimus |
| 90 XC | nonaginta | nonagesimus |
| 100 C | centum | centesimus |
| 101 CI | centum unus | centesimus primus |
| 200 CC | ducenti, ae, a | ducentesimus |
| 300 CCC | trecenti | trecentesimus |
| 400 CCCC | quadringenti | quadringentesimus |
| 500 D | quingenti | quingentesimus |
| 600 DC | sescenti | sescentesimus |
| 700 DCC | septingenti | septingentesimus |
| 800 DCCC | octingenti | octingentesimus |
| 900 DCCCC | nongenti | nongentesimus |
| 1000 M | mille | millesimus |
| 2000 MM | duo milia | bis millesimus |

## TABLEAUX DE CONJUGAISON

### Verbes réguliers (actif)

| | | AMO | MONEO | MITTO | CAPIO | AUDIO |
|---|---|---|---|---|---|---|
| INDICATIF | PRÉSENT | amo<br>amas<br>amat<br>amamus<br>amatis<br>amant | moneo<br>mones<br>monet<br>monemus<br>monetis<br>monent | mitto<br>mittis<br>mittit<br>mittimus<br>mittitis<br>mittunt | capio<br>capis<br>capit<br>capimus<br>capitis<br>capiunt | audio<br>audis<br>audit<br>audimus<br>auditis<br>audiunt |
| | IMPARFAIT | amabam<br>amabas<br>amabat<br>amabamus<br>amabatis<br>amabant | monebam<br>... | mittebam<br>... | capiebam<br>... | audiebam<br>... |
| | FUTUR | amabo<br>amabis<br>amabit<br>amabimus<br>amabitis<br>amabunt | monebo<br>... | mittam<br>mittes<br>mittet<br>mittemus<br>mittetis<br>mittent | capiam<br>capies<br>... | audiam<br>audies<br>... |
| | PARFAIT | amavi<br>amavisti<br>amavit<br>amavimus<br>amavistis<br>amaverunt (-ere) | monui<br>... | misi<br>... | cepi<br>... | audivi<br>... |
| | PLUS-QUE-PFT | amaveram<br>amaveras<br>amaverat<br>amaveramus<br>amaveratis<br>amaverant | monueram<br>... | miseram<br>... | ceperam<br>... | audiveram<br>... |
| | FUT. ANT. | amavero<br>amaveris<br>amaverit<br>amaverimus<br>amaveritis<br>amaverint | monuero<br>... | misero<br>... | cepero<br>... | audivero<br>... |
| IMPER. | | ama amate | mone monete | mitte mittite | cape capite | audi audite |

| | | AMO | MONEO | MITTO | CAPIO | AUDIO |
|---|---|---|---|---|---|---|
| SUBJONCTIF | PRÉSENT | *que j'aime*<br>amem<br>ames<br>amet<br>amemus<br>ametis<br>ament | *que j'avertisse*<br>moneam<br>moneas<br>moneat<br>moneamus<br>moneatis<br>moneant | *que j'envoie*<br>mittam<br>mittas<br>mittat<br>mittamus<br>mittatis<br>mittant | *que je prenne*<br>capiam<br>capias<br>capiat<br>capiamus<br>capiatis<br>capiant | *que j'entende*<br>audiam<br>audias<br>audiat<br>audiamus<br>audiatis<br>audiant |
| | IMPARFAIT | *que j'aimasse*<br>amarem<br>amares<br>amaret<br>amaremus<br>amaretis<br>amarent | *que j'avertisse*<br>monerem<br>... | *que j'envoyasse*<br>mitterem<br>... | *que je prisse*<br>caperem<br>... | *que j'entendisse*<br>audirem<br>... |
| | PARFAIT | *que j'aie aimé*<br>amaverim<br>amaveris<br>amaverit<br>amaverimus<br>amaveritis<br>amaverint | *que j'aie averti*<br>monuerim<br>... | *que j'aie envoyé*<br>miserim<br>... | *que j'aie pris*<br>ceperim<br>... | *que j'aie entendu*<br>audiverim<br>... |
| | PLUS-QUE-PFT | *que j'eusse aimé*<br>amavissem<br>amavisses<br>amavisset<br>amavissemus<br>amavissetis<br>amavissent | *que j'eusse averti*<br>monuissem<br>... | *que j'eusse averti*<br>misissem<br>... | *que j'eusse pris*<br>cepissem<br>... | *que j'eusse entendu*<br>audivissem<br>... |

| | | | | | | |
|---|---|---|---|---|---|---|
| PARTICIPE | PR. | *aimant*<br>amans, -tis | *avertissant*<br>monens, -tis | *envoyant*<br>mittens, -tis | *prenant*<br>capiens, -tis | *entendant*<br>audiens, -tis |
| | FUT. | *sur le p. d'aimer*<br>amaturus, a, um | *... d'avertir*<br>moniturus... | *... d'envoyer*<br>missurus... | *... de prendre*<br>capturus... | *... d'entendre*<br>auditurus... |

| | | | | | | |
|---|---|---|---|---|---|---|
| INFINITIF | PR. | amare | monere | mittere | capere | audire |
| | PFT. | amavisse | monuisse | misisse | cepisse | audivisse |
| | FUT. | amaturum, am, um esse | moniturum... | missurum... | capturum... | auditurum... |

| | | | | | |
|---|---|---|---|---|---|
| GERONDIF | *(pour) aimer*<br>(ad) amandum<br>amandi<br>amando<br>amando | *(pour) avertir*<br>(ad) monendum<br>... | *(pour) envoyer*<br>(ad) mittendum<br>... | *(pour) prendre*<br>(ad) capiendum<br>... | *(pour) entendre*<br>(ad) audiendum<br>... |

| | | | | | |
|---|---|---|---|---|---|
| SUPIN | amatum | monitum | missum | captum | auditum |

# Verbes réguliers (passif) et déponents

| | | AMOR<br>IMITOR | MONEOR<br>VEREOR | MITTOR<br>UTOR | CAPIOR<br>PATIOR | AUDIOR<br>EXPERIOR |
|---|---|---|---|---|---|---|
| INDICATIF | PRÉSENT | *je suis aimé*<br>amor<br>amaris<br>amatur<br>amamur<br>amamini<br>amantur | *je suis averti*<br>moneor<br>moneris<br>monetur<br>monemur<br>monemini<br>monentur | *je suis envoyé*<br>mittor<br>mitteris<br>mittitur<br>mittimur<br>mittimini<br>mittuntur | *je suis pris*<br>capior<br>caperis<br>capitur<br>capimur<br>capimini<br>capiuntur | *je suis entendu*<br>audior<br>audiris<br>auditur<br>audimur<br>audimini<br>audiuntur |
| | | *j'imite*<br>imitor<br>imitaris<br>imitatur<br>imitamur<br>imitamini<br>imitantur | *je crains*<br>vereor<br>vereris<br>veretur<br>veremur<br>veremini<br>verentur | *j'utilise*<br>utor<br>uteris<br>utitur<br>utimur<br>utimini<br>utuntur | *je souffre*<br>patior<br>pateris<br>patitur<br>patimur<br>patimini<br>patiuntur | *j'essaie*<br>experior<br>experiris<br>experitur<br>experimur<br>experimini<br>experiuntur |
| | IMPARFAIT | *j'étais aimé*<br>amabar<br>amabaris /re<br>amabatur<br>amabamur<br>amabamini<br>amabantur | *j'étais averti*<br>monebar<br>... | *j'étais envoyé*<br>mittebar<br>... | *j'étais pris*<br>capiebar<br>... | *j'étais entendu*<br>audiebar<br>... |
| | | *j'imitais*<br>imitabar | *je craignais*<br>verebar | *j'utilisais*<br>utebar | *je souffrais*<br>patiebar | *j'essayais*<br>experiebar |
| | FUTUR | *je serai aimé*<br>amabor<br>amaberis /re<br>amabitur<br>amabimur<br>amabimini<br>amabuntur | *je serai averti*<br>monebor<br>moneberis /re<br>monebitur<br>... | *je serai envoyé*<br>mittar<br>mitteris /re<br>mittetur<br>mittemur<br>mittemini<br>mittentur | *je serai pris*<br>capiar<br>capieris<br>... | *je serai entendu*<br>audiar<br>audieris /re<br>audietur<br>... |
| | | *j'imiterai*<br>imitabor<br>imitaberis /re | *je craindrai*<br>verebor<br>vereberis /re | *j'utiliserai*<br>utar<br>uteris /re | *je souffrirai*<br>patiar<br>patieris /re | *j'essaierai*<br>experiar<br>experieris /re |
| | PARFAIT | *j'ai été aimé, je fus aimé*<br>amatus, a, um sum, es, est<br>amati, ae, a sumus, estis, sunt | *j'ai été averti, je fus...*<br>monitus...sum | *j'ai été envoyé, je fus...*<br>missus...sum | *j'ai été pris, je fus pris*<br>captus...sum | *j'ai été entendu, je fus...*<br>auditus...sum |
| | | *j'ai imité, j'imitai, j'eus imité*<br>imitatus, a, um sum, es, est | *j'ai craint, je craignis, j'eus craint*<br>veritus...sum | *j'ai utilisé, j'utilisai, j'eus utilisé*<br>usus...sum | *j'ai / eus souffert, je souffris*<br>passus...sum | *j'ai /eus essayé, j'essayai*<br>expertus...sum |
| | PLUS-QUE-PFT | *j'avais été aimé*<br>amatus, a, um eram, eras, erat<br>amati, ae, a eramus, eratis, erant | *j'avais été averti*<br>monitus...eram<br>... | *j'avais été envoyé*<br>missus...eram<br>... | *j'avais été pris*<br>captus...eram<br>... | *j'avais été entendu*<br>auditus...eram<br>... |
| | | *j'avais imité*<br>imitatus, a, um eram, eras, erat | *j'avais craint*<br>veritus...eram | *j'avais utilisé*<br>usus...eram | *j'avais souffert*<br>passus...eram | *j'avais essayé*<br>expertus...eram |
| | FUT. ANT. | *j'aurai été aimé*<br>amatus, a, um ero, eris, erit<br>amati, ae, a erimus, eritis, erunt | *j'aurai été averti*<br>monitus...ero<br>... | *j'aurai été envoyé*<br>missus...ero<br>... | *j'aurai été pris*<br>captus...ero<br>... | *j'aurai été entendu*<br>auditus...ero<br>... |
| | | *j'aurai imité*<br>imitatus, a, um ero, eris, erit | *j'aurai craint*<br>veritus...ero | *j'aurai utilisé*<br>usus...ero | *j'aurai souffert*<br>passus...ero | *j'aurai essayé*<br>expertus...ero |

| | | | | | |
|---|---|---|---|---|---|
| IMPER. | amare<br>amamini<br>imitare<br>imitamini | monere<br>monemini<br>verere<br>veremini | mittere<br>mittimini<br>utere<br>utimini | capere<br>capimini<br>patere<br>patimini | audire<br>audimini<br>experire<br>experimini |

| | | AMOR<br>IMITOR | MONEOR<br>VEREOR | MITTOR<br>UTOR | CAPIOR<br>PATIOR | AUDIOR<br>EXPERIOR |
|---|---|---|---|---|---|---|
| SUBJONCTIF | PRÉSENT | *que je sois aimé*<br>amer<br>ameris /re<br>amertur<br>amemur<br>amemini<br>amentur | *que je sois averti*<br>monear<br>… | *que je sois envoyé*<br>mittar<br>… | *que je sois pris*<br>capiar<br>… | *que je sois entendu*<br>audiar<br>… |
| | | *que j'imite*<br>imiter | *que je craigne*<br>verear | *que j'utilise*<br>utar | *que je souffre*<br>patiar | *que j'essaie*<br>experiar |
| | IMPARFAIT | *que je fusse aimé*<br>amarer<br>amareris /re<br>amaretur<br>amaremur<br>amaremini<br>amarentur | *que je fusse averti*<br>monerer<br>… | *que je fusse envoyé*<br>mitterer<br>… | *que je fusse pris*<br>caperer<br>… | *que je fusse entendu*<br>audirer<br>… |
| | | *que j'imitasse*<br>imitarer | *que je craignisse*<br>vererer | *que j'utilisasse*<br>uterer | *que je souffrisse*<br>paterer | *que j'envoyasse*<br>experirer |
| | PARFAIT | *que j'aie été aimé*<br>amatus, a, um sim,<br>sis, sit<br>amati, ae, a simus,<br>sitis, sint | *que j'aie été averti*<br>monitus…sim<br>… | *que j'aie été envoyé*<br>missus…sim<br>… | *que j'aie été pris*<br>captus…sim<br>… | *que j'aie été entendu*<br>auditus…sim<br>… |
| | | *que j'aie imité*<br>imitatus…sim | *que j'aie craint*<br>veritus…sim | *que j'aie utilisé*<br>usus…sim | *que j'aie souffert*<br>passus…sim | *que j'aie essayé*<br>expertus…sim |
| | PLUS-QUE-PFT | *que j'eusse été aimé*<br>amatus, a um essem,<br>esses, esset<br>amati, ae, a essemus,<br>essetis, essent | *que j'eusse été averti*<br>monitus…essem<br>… | *que j'eusse été envoyé*<br>missus…essem<br>… | *que j'eusse été pris*<br>captus…essem<br>… | *que j'eusse été entendu*<br>auditus…essem<br>… |
| | | *que j'eusse imité*<br>imitatus…essem | *que j'eusse craint*<br>veritus…essem | *que j'eusse utilisé*<br>usus…essem | *que j'eusse souffert*<br>passus…essem | *que j'eusse essayé*<br>expertus…essem |
| PART. | PFT. | amatus, a um<br>imitatus, a, um | monitus, a, um<br>veritus, a, um | missus, a, um<br>usus, a, um | captus, a, um<br>passus, a, um | auditus, a, um<br>expertus, a, um |
| INFINITIF | PR. | amari<br>imitari | moneri<br>vereri | mitti<br>uti | capi<br>pati | audiri<br>experiri |
| | PFT. | amatum, am, um esse<br>imitatum, am, um esse | monitum, am, um esse<br>veritum, am, um esse | missum, am, um esse<br>usum, am, um esse | captum, am, um esse<br>passum, am, um esse | auditum, am, um esse<br>expertum, am, um esse |
| ADJ. VERBAL | | *qui doit être aimé*<br>amandus, a, um | *qui doit être averti*<br>monendus, a, um | *qui doit être envoyé*<br>mittendus, a, um | *qui doit être pris*<br>capiendus, a, um | *qui doit être entendu*<br>audiendus, a, um |
| | | *qui doit être imité*<br>imitandus, a, um | *qui doit être craint*<br>verendus, a, um | *qui doit être utilisé*<br>utendus, a, um | *qui doit être souffert*<br>patiendus, a, um | *qui doit être essayé*<br>experiendus, a, um |

## Sum et verbes irréguliers

| | | SUM | POSSUM | EO | VOLO | FERO |
|---|---|---|---|---|---|---|
| INDICATIF | PRÉSENT | sum<br>es<br>est<br>sumus<br>estis<br>sunt | possum<br>potes<br>potest<br>possumus<br>potestis<br>possunt | eo<br>is<br>it<br>imus<br>itis<br>eunt | volo<br>vis<br>vult<br>volumus<br>vultis<br>volunt | fero<br>fers<br>fert<br>ferimus<br>fertis<br>ferunt |
| | IMPARFAIT | eram<br>eras<br>erat<br>eramus<br>eratis<br>erant | poteram<br>... | ibam<br>... | volebam<br>... | ferebam<br>... |
| | FUTUR | ero<br>eris<br>erit<br>erimus<br>eritis<br>erunt | potero<br>... | ibo<br>ibis<br>ibit<br>ibimus<br>ibitis<br>ibunt | volam<br>voles<br>volet<br>volemus<br>voletis<br>volent | feram<br>feres<br>feret<br>feremus<br>feretis<br>ferent |
| | PARFAIT | fui<br>fuisti<br>fuit<br>fuimus<br>fuistis<br>fuerunt | potui<br>... | ivi (ii)<br>... | volui<br>... | tuli<br>... |
| | PLUS-QUE-PFT | fueram<br>fueras<br>fuerat<br>fueramus<br>fueratis<br>fuerant | potueram<br>... | i(v)eram<br>... | volueram<br>... | tuleram<br>... |
| | FUT. ANT | fuero<br>fueris<br>fuerit<br>fuerimus<br>fueritis<br>fuerint | potuero<br>... | i(v)ero<br>... | voluero<br>... | tulero<br>... |

| | | | | | |
|---|---|---|---|---|---|
| IMPER. | es<br>este | | i<br>ite | | fer<br>ferte |

| | | SUM | POSSUM | EO | VOLO | FERO |
|---|---|---|---|---|---|---|
| SUBJONCTIF | PRÉSENT | sim<br>sis<br>sit<br>simus<br>sitis<br>sint | possim<br>possis<br>possit<br>possimus<br>possitis<br>possint | eam<br>eas<br>eat<br>eamus<br>eatis<br>eant | velim<br>velis<br>velit<br>velimus<br>velitis<br>velint | feram<br>feras<br>ferat<br>feramus<br>feratis<br>ferant |
| | IMPARFAIT | essem<br>esses<br>esset<br>essemus<br>essetis<br>essent | possem<br>posses<br>posset<br>possemus<br>possetis<br>possent | irem<br>... | vellem<br>... | ferrem<br>... |
| | PARFAIT | fuerim<br>fueris<br>fuerit<br>fuerimus<br>fueritis<br>fuerint | potuerim<br>... | i(v)erim<br>... | voluerim<br>... | tulerim<br>... |
| | PLUS-QUE-PFT | fuissem<br>fuisses<br>fuisset<br>fuissemus<br>fuissetis<br>fuissent | potuissem<br>... | i(v)issem<br>... | voluissem<br>... | tulissem<br>... |
| PARTICIPE | PR. | | | iens, euntis | volens,<br>volentis | ferens,<br>ferentis |
| | FUT. | futurus, a, um | | iturus, a, um | | laturus, a,<br>um |
| INFINITIF | PR. | esse | posse | ire | velle | ferre |
| | PFT. | fuisse | potuisse | i(v)isse | voluisse | tulisse |
| | FUT. | fore - futurum,<br>am, um esse | | iturum, am,<br>um esse | | laturum,<br>am, um esse |
| GÉRONDIF | | | | (ad) eundum<br>eundi<br>eundo<br>eundo | | (ad)<br>ferendum<br>ferendi<br>ferendo<br>ferendo |
| SUPIN | | | | itum | | latum |

## *EO, FERO* ET LEURS COMPOSÉS

▪ *AB-/ A* : **LOIN DE**

*abeo, -is, -ire, -ii, -itum* : s'éloigner, s'en aller + *ab* + abl.

*aufero, -fers, -ferre, abstuli, ablatum* : porter loin de, enlever

▪ *AD-* : **PRÈS DE, VERS**

*adeo, -is, -ire, -ii, -itum* : aller vers, s'approcher + acc. / + *ad* + acc.

*affero, -fers,*-ferre, *attuli, allatum* : apporter

▪ *CUM-* (*CON-*, *CO-*) : **AVEC, ENSEMBLE**

*confero, fers, -ferre, contuli, collatum* : réunir, comparer (*cum* + abl.)

▪ *DIS-* : **DE CÔTÉS DIFFÉRENTS**

*differo,-fers, -ferre, distuli, dilatum* : différer, remettre à plus tard, être différent de (+ *ab* + abl)

▪ *EX- / E-* : **HORS DE**

*exeo, -is, -ire, -ii, -itum* : aller hors de, sortir + *ex* + abl

*effero, -fers, -ferre, extuli, elatum* : emporter, élever + *ex* + abl.

▪ *IN-* : **DANS**

*ineo, -is, -ire, -ii, -itum* : aller dans, commencer

*infero, -fers, -ferre, intuli, illatum* : porter dans, porter contre + dat. / + *in* + acc.

▪ *OB-* : **AU DEVANT DE, EN FACE DE**

*offero, -fers, -ferre, obtuli, oblatum* : porter au devant de, offrir

▪ *RE-* : **EN ARRIÈRE, À NOUVEAU**

*redeo, -is, -ire, -ii, -itum* : revenir

*refero, -fers, -ferre, retuli, relatum* : reporter, rapporter, faire un rapport (sur : *de* + abl.)

▪ *TRANS- / TRA-* : **EN TRAVERSANT**

*transeo, -is, -ire, -ii, -itum* : traverser, passer au-delà de + acc. / *per* + acc.

## QUELQUES MOTS COURANTS ET POLYSÉMIQUES...

### ▪ Res

Res est un mot très fréquent dans la langue latine, et très polysémique.

chose, être : *divinae humanaeque res*, les choses divines et humaines

| | | |
|---|---|---|
| le fait, la réalité | *pro re* | selon les circonstances |
| chose, affaire | *res militaris* | la guerre |
| | *res rustica* | l'agriculture |
| | *res publica* | les affaires publiques, l'État |
| affaire, intérêt | *res est mihi tecum* | c'est à toi que j'ai affaire |
| biens, fortune | *res familiaris* | le patrimoine |
| cause | *ob eam rem, quam ob rem* | pour cette raison |
| acte | *res gestae* | les actions |
| débat, cause | *rem dicere* | plaider une cause |
| sujet | *ad rem redire* | revenir à son sujet |

### ▪ Ratio

*Ratio* vient de *reor* qui signifie « compter », « calculer »

compte, calcul

*auri ratio constat*, le compte de l'or est juste

(action de calculer) : gestion, administration

*rationes imperii*, la comptabilité de l'empire

(faculté de calculer, de penser) : raison, intelligence

*nulla ratio est* + prop. inf. : il n'est pas raisonnable de

(manière de penser bien calculée) : système, théorie, science

*ratio civilis*, la science du gouvernement

(manière d'agir bien calculée) : procédé, méthode, plan, moyen

*rei militaris ratio*, les règles de l'art militaire

(conditions de l'action ou de la pensée bien calculées) : raisonnement, argument ; motif, cause, raison d'agir

*mea sic est ratio*, voici mon avis

### ▪ Animus

*Animus* signifie l'âme, par opposition au corps.

(manifestation de la sensibilité) : passion, désir, cœur, sentiment, courage...

*bono animo esse in aliquem*, avoir des sentiments dévoués à l'égard de qn.

*alicui animum adferre*, donner du courage à qn.

(manifestation du jugement) : *pensée, opinion* ...

*meo quidem animo*, selon moi

(manifestation de la volonté) : intention, résolution...

*in animo habeo facere aliquid*, j'ai l'intention de faire qc.

# LEXIQUE

## A

*ab / a* + abl. : loin de, à partir de, d'après, depuis, en raison de, par

*abigo, is, ere, egi, actum* : pousser loin de, chasser

*abnuo, is, ere, ui* : faire signe que non, nier

*absum, abes, abesse, afui* : je suis absent, je suis loin de + (a / ab + abl)

*abundo, as, are* + abl. : avoir en abondance

*accido, is, ere, cidi,-* : tomber, arriver (événements)

*accipio, is, ere, accepi, acceptum* : accueillir, recevoir, apprendre (ab, de)

*accommodatus, a, um* : convenable, approprié à

*acer, acris, acre* : vif, ardent, perçant

*acies, ei*, f. : pointe, vivacité, ligne de bataille

*actio, onis*, f. : action, action judiciaire, plaidoyer

*ad* + acc. : auprès de qn, en direction de qc

*addo, is, ere, didi, ditum* : ajouter

*adimo, is, ere, emi, emptum* : enlever

*adjuvo, as, are, juvi, jutum* : aider

*admiratio, onis*, f. : admiration, étonnement

*adsidue* (assidue) : continuellement

*adsigno, as, are, avi, atum* : assigner

*adsum, ades, adesse, adfui* + dat. : je suis présent, je suis près de, j'aide

*adulescens, entis*, m. : jeune homme, jeune fille

*adulescentia, ae*, f. : adolescence (entre 17 et 30 ans)

*adventus, us* m. : l'arrivée

*adversus* + acc. : contre

*adversus, a, um* : qui est en face, qui est contraire, fâcheux

*aerarium, ii*, n. : trésor public (au temple de Saturne)

*aes, aeris*, n. : airain, bronze, argent ; *aes alienum* : dette

*aestimo, as, are, avi, atum* : estimer

*aetas, atis*, f. : vie, âge ; temps

*aevum, i* n. : temps, âge, siècle

*ager, agri* m. : le champ

*agrestis, e* : champêtre

*agricola, ae*, m. : le paysan

*albus, a, um* : blanc (mat)

*alienus, a, um* : d'autrui, étranger

*aliquis, aliqua, aliquid* : quelqu'un, quelque chose

*aliquis, aliqua, aliquod* : quelque

*alius, alia, aliud* : un autre

*alter, a, um* : l'un (de deux), l'autre

*amabilis, e* : digne d'amour

*ambitio, onis* f. : ambition

*ambulo, as, are, avi, atum* : se promener

*amicus, i*, m. : ami

*amo, as, are, avi, atum* : aimer

*amor, oris*, m. : l'amour

*an ?* : est-ce que *utrum ... an / annon ?* : est-ce que ... ou / ou non ?

*ancilla, ae*, f. : la servante

*animal, alis*, n. : l'animal.

*animus, i*, m. : esprit, âme, courage

*anniversarius, a, um* : qui revient tous les ans

*ante* + acc. : avant, devant

*antepono, is, ere, posui, positum* : placer devant, préférer

*antequam* + ind. : avant le moment où ; + subj. : en attendant que

*antiquus, a, um* : ancien, antique

*appropinquo, as, are, avi, atum* : s'approcher de

*aptus, a, um* : I attaché, lié. II propre, approprié à + D.

*apud* + acc. : chez qn

*arma, orum* n. pl. : les armes

*ars, artis*, f. : invention, moyen, art

*artificium, ii*, n. : métier, art, adresse, habileté

*arx, arcis*, f. : la citadelle

*ascendo, is, ere, scendi, scensum* : monter

*assiduus, a*, um : continuel

*athleta, ae*, m. : l'athlète

*atque* (ac) : et

*audeo, es, ere, ausus sum* : oser

*audio, is, ire audivi, auditum* : entendre, écouter

*augeo, es, ere, auxi, auctum* : augmenter

*aurum, i*, n. : l'or

*auspicium, ii*, n. : auspice

*aut* : ou bien

*avaritia, ae*, f. : l'avarice

## B

*barbarus, a, um* : barbare

*beatus, a, um* : heureux

*bellum, i*, n. : la guerre ; *bellum gerere* : faire la guerre

*bene* : bien

*benevolentia, ae* : bienveillance, dévouement

*bonus, a, um* : bon

*brevis, e* : court (espace, temps)

## C

*cado, is, ere, cecidi, casum* : tomber, arriver par hasard

*caedes, is*, f. : meurtre

*caelum, i*, n. : le ciel

*calor, oris*, m. : chaleur, impétuosité

*campus, i* m. : plaine, champ

*capio, is, ere, cepi, captum* : prendre

*carpo, is, ere, carpsi, carptum* : cueillir

*carus, a, um* : cher

*castigo, as, are, avi, atum* : blâmer

*castus, a, um* : chaste

*casus, us*, m. : hasard, accident, malheur

*caveo, es, ere, cavi, cautum* : prendre garde

*cedo, is, ere, cessi, cessum* : I aller, marcher, s'avancer ; II céder à

*certe* : du moins

*cinis, eris*, m. : la cendre

*circus, i*, m. : le cirque

*civilis, e* : de citoyen, civil

*civis, is* m. : le citoyen

*civitas, atis*, f. : la cité

*clamo, as, are, avi, tum* : crier

*clamor, oris*, m. : cri

*clarus, a, um* : célèbre

*clementia, ae* f. : la clémence

*coepi* : j'ai commencé

*cogito, as, are, avi, atum* : penser

*cognosco, is, ere, gnovi, gnitum* : apprendre, reconnaître

*cogo, is, ere, coegi, coactum* : rassembler, réunir ; pousser, contraindre

*cohors, tis*, f. : cohorte

*colo, is, ere, colui, cultum* : cultiver, s'occuper de, pratiquer, honorer

*colonus, i*, m. : cultivateur

*color, oris*, m. : couleur

*comes, itis*, m. f. : compagnon, compagne

*commemoro, as, are, avi, atum* : rappeler

*commendo, as, are, ...* : confier, recommander, faire valoir

*committo, is, ere, commisi, commissum* : unir, assembler, engager (le combat)

*communis, e* : commun

*compleo, es, ere, plevi, pletum* : remplir

*concordia, ae*, f. : concorde, entente

*condicio, onis*, f. : condition, état

*condo, is, ere, didi, ditum* : fonder

*confero, fers, ferre, -tuli, collatum* : réunir, rassembler

*conficio, is, ere, feci, fectum* : réaliser, accabler

*confirmo, as, are, avi, atum* : affermir, affirmer

*conjuratio, onis, f.* : conjuration

*conor, aris, ari, atus sum* : se préparer, entreprendre qc

*consilium, ii*, n. : plan, projet, résolution, conseil, assemblée

*consolo, as, are, avi, atum* : consoler

*consuesco, is, ere, suevi, suetum* : s'accoutumer ; avoir coutume (passé)

*consuetudo, inis*, f. : habitude, coutume ; liaison, intimité

*consul, is* m. : le consul

*contemno, is, ere, tempsi, temptum* : mépriser

*contineo, es, ere, tinui, tentum* : maintenir uni, embrasser, contenir

*contingo, is, ere, tigi, tactum* : toucher, atteindre ; (intr) arriver (*alicui*, à qn)

*convenio, is, ire, veni, ventum* : venir ensemble, convenir

*copia, ae*, f. : abondance ; richesse (pl.) troupe ; pouvoir (de faire qc)

*cornu, us* n. : la corne, l'aile

*corona, ae* : la couronne

*corpus, oris*, n. : le corps

*corrigo, is, ere, rexi, rectum* : redresser, réformer, guérir

*corruo, es, ere, ui, _* : s'écrouler

*cras*, demain

*credo, is, ere, didi, ditum* : croire

*cum*, prép. + abl. : avec (accompagnement)

*cum*, conj. + ind. : quand, lorsque ; + subj. tandis que, comme, quoique ; *cum... tum* : d'une part ... d'autre part

*cunctus, a, um* : tout entier

*cur* ? : pourquoi ?

*curo, as, are, avi, atum* : avoir soin de, soigner, prendre soin que

*cursus, us* m. : course, cours (des étoiles)

## D

*de* + abl. : du haut de, au sujet de, par suite de

*dea, ae*, f. : la déesse

*decerno, is, ere, crevi, cretum* : décider

*decet* : il convient

*declaro, as, are, avi, atum* : montrer, faire voir, exprimer

*defendo, is, ere, fendi, fensum* : défendre

*delecto, as, are, avi, atum* : charmer, plaire à

*deleo, es, ere, evi, etum* : détruire

*depono, is, ere, posui, positum* : déposer, abandonner

*deputo, as, are, avi, atum* : estimer, imputer à

*descendo, is, ere, scendi, scensum* : descendre

*desiderium, ii*, n. : désir de qc qu'on a eu, connu, et qui nous fait défaut

*desum, dees, deesse, defui* + dat. : je manque à, je fais défaut à

*deus, i* m. : le dieu

*dico, is, ere, dixi, dictum* : dire

*dies, diei* m. et f. : le jour, le jour fixé

*dilectio, onis*, f. charité (lat. chrétien), amour

*diligo, is, ere, lexi, lectum* : aimer

*dimico, as, are, avi, atum* : lutter

*dimitto, is, ere, misi, missum* : renvoyer

*direptio, onis* f. : pillage

*discedo, is, ere, cessi, cessum* : s'éloigner

*disco, is, ere, didici, discitum* : apprendre

*discordia, ae*, f. : discorde

*discursus, us* m. : action de courir çà et là, vagabondage

*discutio, is, ere, cussi, cussum* : fendre ; dissiper, écarter

*dius, a, um* (poét.) : divin, divinement beau

*dives, divitis* : riche

*divido, is, ere, visi, visum* : diviser, partager

*divitia, ae*, f. : richesse

*divus, i* m. : dieu, divinité

*do, das, dare, dedi, datum* : donner

*doceo, es, ere, docui, doctum* : enseigner

*docte* : savamment

*doleo, es, ere, ui, itum* : souffrir, être affligé

*dolor, oris*, m. : douleur, chagrin

*domina, ae* f. la maîtresse

*dominus, i* m. : le maître

*domo, ere, ui, itum* : dompter, subjuguer

*domus, us* f. : la maison

*donec* + subj. : jusqu'à ce que

*donum, i* n. : le don, le cadeau

*dulcis, e* : doux

*dum* + ind. : pendant que ; + subj. : en attendant que

*duo, duae, duo* : deux

*dux, ducis*, m. : guide, chef, général

## E

*ea* : par là

*edo, is, ere, edi, esum* : manger

*edo, is, ere edidi, editum* : faire sortir, publier

*efficio, is, ere, feci, fectum* : achever, réaliser, faire en sorte

*egeo, es, ere, ui,-* : manquer de + abl.

*egestas, atis*, f. : pauvreté

*ego* : je, moi je

*egregius, a, um*, adj. : de choix, remarquable ; *egregie* : adverbe

*eligo, is, ere, legi, lectum* : choisir

*eloquentia, ae*, f. : l'éloquence

*emendatio, onis*, f. : (chrét.) conversion

*emendo, as, are, avi, atum* : corriger, effacer les fautes

*emo, is, ere, emi, emptum* : acheter

*eo* : là, y

*eo, is, ire, ivi(ii), itum* : aller

*epistula, ae, f.* : la lettre

*eques, itis* m. : le cavalier

*erga* + acc. : à l'égard de

*ergo* : donc

*et ... quidem* : et qui plus est

*et*, conj. : et

*etiam* : encore, aussi, même, oui

*Etruscus, a, um* : étrusque

*etsi* + ind. : bien que

*ex / e* + abl. : hors de, de, à, après, par suite de

*excelsus, a, um* : élevé, haut, noble

*excruciatio, onis*, f. : martyre

*exedo, is, ere, edi, esum* : manger, dévorer, consumer

*exeo, is, ire, ii, itum* : sortir

*exerceo, es, ere, cui, citum* : travailler qc., exercer, pratiquer

*existimo, as, are, avi, atum* : juger, penser

*exsisto (existo), is, ere, stiti,-* : s'élever de, naître de, se manifester

*exstinguo (extinguo) is, ere, stinxi, stinctum* : éteindre, détruire

## F

*faber*, bri, g. pl. *fabrum* : ouvrier, artisan

*fabula, ae*, f. : légende, histoire

*facile* : facilement

*facilitas, atis* f. : facilité d'abord, de caractère, complaisance

*facio, is, ere, feci, factum* : faire

*fama, ae*, f. : la réputation

*fames, is*, f. : la faim

*familiaris, e* : de la maison, de la famille

*faveo, es, ere, favi, fautum* + D. : être favorable à, favoriser

*felix, icis* : fécond, heureux

*fero, fers, ferre, tuli, latum* : porter, supporter, rapporter

*ferox, ferocis* : farouche, fougueux

*ferrum, i* n. : le fer, l'épée

*ferus, a*, um : sauvage, inculte

*fides, ei* f. : foi, confiance

*fiducia, ae* f. : confiance, assurance

*fidus, a, um* : fidèle, sûr

*filia, ae*, f. : fille

*filius, i* (voc. *fili*), m. : fils

*finis, is* m. : limite, bornes, fin

*fio, fis, fieri, factus sum* : être fait, se faire, se produire.

*fleo, es, ere, evi, etum* : pleurer

*flumen, inis*, n. : le fleuve, rivière

*forsitan* : peut-être

*forte*, adv. : par hasard

*fortis, e* : courageux, fort

*fortiter*, adv. : avec force, courageusement

*fortuna, ae*, f. : le sort, le hasard, la chance, la fortune

*fortunatus*, a, um : heureux

*forum, i*, n. : le forum, la place publique

*frango, is, ere, fregi, fractum* : briser, rompre

*frater, fratris*, m. : le frère

*fugio, is, ere, fugi,-* : fuir

*fundo, as, are, avi, atum* : fonder

*fundus, i*, m. : domaine

## G

*gaudeo, es, ere, gavisus sum* + abl. : se réjouir

*gaudium, ii*, n. : joie ; volupté

*gemo, is, ere, ui, itum* : gémir ; (tr.) gémir sur

*generosus, a, um* : de bonne naissance, noble, généreux

*gens, gentis*, f. : race, famille, peuple

*genus, eris*, n. : naissance, origine, famille, genre, sorte, espèce

*gestus, us*, m. : l'attitude du corps, les gestes de l'orateur

*gigno, is, ere, genui, genitum* : engendrer, enfanter, faire naître

*gladium, ii*, n. : le glaive

*gratia, ae*, f. : faveur, faveur d'autrui, reconnaissance, grâce

*gratias ago, is, ere, egi, actum* + D. : témoigner de la reconnaissance à,

*gratus, a, um* : agréable, bienvenu, aimable, reconnaissant

*gravis, e* : lourd, grave, puissant, noble

*guberno, as, are, avi, atum* : diriger un navire ; diriger

## H

*habeo, es, ere, ui, itum* : avoir, posséder, tenir pour

*habitus, us*, m. : aspect, manière d'être

*hac* : par ici

*heri*, hier

*heu* : hélas

*hic* : ici

*hic, haec, hoc* : ce, cet, cette, celui-ci...

*hinc* : d'ici

*hodie*, aujourd'hui

*homo, -inis*, m. : l'homme

*honestus, a, um* : honorable, digne de considération, honnête

*honos / honor, oris*, m. : honneur, magistrature

*horrendus, a, um* : effroyable

*hortor, aris, ari, atus sum* : exhorter à (ad)

*hortus, i*, m : le jardin

*hostis, is* m. : l'ennemi (de guerre)

*huc* : ici

*humanus, a, um* : humain

*humus, i*, f. : le sol

## I

*ibi* : là, y

*idem, eadem idem* : le même

*igitur* : donc

*ignis, is*, m. : le feu

*illac* : par là-bas

*ille, illa, illud* : celui-là, celle-là, cela, ce, cette...

*illic* : là-bas

*illinc* : de là-bas

*illuc* : là-bas

*immanitas, atis* f. : férocité, barbarie

*immeritus, a, um* : qui n'a pas mérité

*impedio, is, ire, ivi, itum* : empêcher

*impello, is, ere, puli, pulsum* : heurter, pousser

*impero, as, are, avi, atum* : ordonner

*impetus, us*, m. : élan (aussi fig.) attaque, fougue

*improbus, a, um* : mauvais, méchant

*in* : + acc. dans, en, sur, pour ; + abl. : dans, en, sur

*incendium, ii*, n. : incendie

*incipio, is, ere, cepi, ceptum* : commencer

*incola, ae*, m. : l'habitant

*incolumis, e* : sain et sauf

*incultus, a, um* : inculte (propre et figuré)

*incursio, onis*, f. : attaque

*inde* : de là, en

*indignor, ari, atus sum* : s'indigner

*indoctus, a, um* : ignorant, grossier

*indoles, is*, f. : caractère, nature

*induco, is, ere, duxi, ductum* : conduire dans, amener à

*infero, fers, ferre, tuli, latum* : apporter

*infimus, a, um* : le plus bas, le dernier

*infirmitas, atis*, f. : faiblesse, maladie

*ingenium, ii*, n. : nature, caractère, disposition naturelle, talent

*ingens, tis* : immense, très grand

*inimicus, i*, m. : ennemi (particulier)

*initium, ii*, n. : le début, *initio* : au début

*injuria, ae*, f. : injustice, mauvais traitement, tort.

*inopia, ae*, f. : manque de ressources, pauvreté

*inquieto, as, are, avi, atum* : troubler, inquiéter

*insignis, e* : remarquable, singulier

*insuavis, e* : qui n'est pas doux

*inter* + acc. : entre, parmi

*intercipio, is, ere cepi, ceptum* : intercepter

*intercursus*, abl. *–u, m.* : action de se mettre en travers

*interest* : il importe

*interfectio, onis*, f : meurtre

*intus*, adv. : au dedans

*invenio, is, ire, veni, ventum* : trouver, inventer

*invideo, es, ere, vidi, visum* + D. : envier qn

*ipse, a, um* : même, en personne, lui-même

*irreparabilis, e* : irréversible

*is, ea, id* : il, elle, lui, celui-ci ; *ea* : par là

*iste, ista, istud* : celui-là, celle-là, cela, ce, cet

*ita* : ainsi, tellement, à ce point, oui

*iter, itineris*, n. : chemin que l'on fait, voyage

## J

*jactus, us*, m. : action de jeter

*jam*, déjà, maintenant, désormais

*jubeo, es, ere, jussi, jussum* : ordonner

*jucundus, a, um* : agréable

*judicium, ii*, n. : procès, jugement

*jus, juris*, n. : le droit

*justitia, ae* f. : la justice

*juvenis, is*, m. : le jeune homme

*juventus, utis*, f. : jeunesse

*juvo, as, are, juvi, jutum* : aider : + inf. : il est utile de ; faire plaisir

## L

*labor, oris* m. : peine que l'on se donne pour faire qc, travail

*laboriosus, a, um* : pénible ; actif

*lacrima, ae* f. : la larme

*laetus, a, um* : joyeux

*laudo, as, are, avi, atum* : louer

*laus, laudis* f. : mérite, éloge, louange, gloire

*lego, is, ere, legi, lectum* : recueillir, choisir, lire

*levo, are, avi, atum* : alléger ; élever en l'air

*libellus i*, m. : petit livre

*liber, era, erum* : libre

*liber, libri*, m. : le livre

*libido, inis* f. : envie, désir, plaisir

*licet, ere, licuit* : il est permis

*litterae, arum*, f. : lettre

*locus, i*, m. : lieu ; *loca*, n. pl. : pays, contrées

*loquor, eris, loqui, locutus sum* : parler

*ludo, is, ere, lusi, lusum* : jouer

*lumen, inis*, n. : la lumière

*lupus, i*, m. : le loup

*lustro, as, are, avi, atum* : purifier par un sacrifice ; tourner autour, (avec *luce*) parcourir de sa lumière

*lux, lucis* f. : la lumière

## M

*magister, tri*, m. : celui qui commande, le maître

*magnitudo, inis* f. : la grandeur

*magnus, a, um* : grand

*major, majus* : comparatif de *magnus*

*majores, um* : les ancêtres

*malo, mavis, malle, malui* : préférer

*malus, a, um* : mauvais

*manus, us* f. : la main, la troupe

*mare, is*, n. : la mer

*marmor, oris*, n. : le marbre

*mater*, *matris*, f. : la mère

*matrona*, *ae*, f. : mère de famille, femme

*maxime* : très, grandement

*maximus*, *a*, *um* : très grand

*medium*, *ii*, n. : le milieu

*medius*, *a*, *um* : qui est au milieu

*mehercule* : par Hercule, certes

*melior*, *melius* : comparatif de bonus

*memoria*, *ae*, f. : la mémoire

*mens*, *mentis*, f. : l'esprit

*Mercurius*, *ii* : Mercure

*mergo*, *is*, *ere*, *mersi*, *mersum* : plonger

*metuo*, *is*, *ere*, *metui*, *metutum* : avoir peur

*metus*, *us*, m. : la crainte

*meus*, *a*, *um* : mon, le mien

*miles*, *militis*, m. : le soldat

*mille*, n. : mille

*minime* : pas du tout

*minimus*, *a*, *um* : très petit

*minor*, n. *minus* : comparatif de parvus

*miror*, *aris*, *ari*, *atus sum* : s'étonner, admirer

*mirum est* : il est étonnant (de voir)

*miser*, *era*, *erum* : misérable, malheureux

*moderator*, *oris*, m. : celui qui modère, qui règle

*modo*, adv. : seulement

*modus*, *i*, m. : mesure, modération, manière

*moneo*, *es*, *ere*, *ui*, *monitum* : avertir

*mons*, *montis*, m. : la montagne

*monumentum*, i n. : tout ce qui rappelle qn ou qc

*mors*, *mortis*, f. : la mort

*mortales*, *ium*, m. : les mortels

*mortalis*, e : mortel

*mortuus*, *a*, *um* : mort

*mos*, *moris*, m. : coutume, mœurs

*moveo*, *es*, *ere*, *movi*, *motum* : mettre en mouvement, émouvoir

*mox*, bientôt

*multi*, *ae*, *a* : nombreux, beaucoup de

*mundus*, *i*, m. : le monde, l'univers

*muto*, *as*, *are*, *avi*, *atum* : changer

## N

*narro*, *as*, *are*, *avi*, *atum* : raconter

*nascor*, *sceris*, *sci*, *natus sum* : naître

*natus*, *a*, *um* : né, âgé de

*natus*, *i* m. : le fils

*nauta*, *ae*, m. : le marin, le matelot

*navigatio*, *onis*, *f.* : la navigation, le voyage sur mer

*navigo*, *as*, *are*, *avi*, *atum* : naviguer

*ne* : adv. + subj. : défense : que ...ne ; conj. + subj. : que ...ne ; pour que ...ne ... pas

*nec* / *neque* : et ... ne ... pas

*neco*, *as*, *are*, *avi*, *atum* : tuer

*nego*, *as*, *are*, *avi*, *atum* : I dire non, opposer un refus à qn ; II dire que ...ne ... pas

*negotium*, *ii*, n. : occupation, travail, affaire ; activité politique

*nemo* (*neminis*) : pr. indéf. personne, aucune personne ... ne

*nescio*, *is*, *ire*... : ne pas savoir

*nihil* : rien.. ne

*nimium* : trop

*nisi* : si ...ne ... pas, à moins que ; sinon

*nobilis*, *e* : noble

*noceo*, *es*, *ere*, *ui*, *itum* +D. : nuire à

*nolo*, *non vis*, *nolle*, *nolui* : ne pas vouloir

*nomen*, *-inis*, n. : le nom

*non* : ne ... pas

*non modo* / *solum* ... *sed etiam* : non seulement mais encore

*nonne* ... ? est-ce que ...ne ...pas ?

*nosco*, *is*, *ere*, *novi*, *notum* : apprendre à connaître, reconnaître

*noster*, *tra*, *trum* : notre, le nôtre

*nox*, *noctis*, f. : la nuit

*nubes*, *is* f. : le nuage

*nullus*, *a*, *um* : nul, aucun

*num* ? : est-ce que par hasard ?

*numquam* : ne ... jamais

*nunc* : maintenant

*nuntio*, *as*, *are*, *avi*, *atum* : annoncer

*nuntius*, *ii* m. : message, nouvelle

## O

*ob* + acc. : pour, à cause de

*obruo*, *is*, *ere*, *rui*, *rutum* : recouvrir d'un amas, écraser

*observo*, *are*, *avi*, *atum* : observer

*obsum*, *obes*, *obesse obfui* +dat. : je fais obstacle à

*obtineo*, *es*, *ere tinui*, *tentum* : tenir solidement, occuper

*obviam*, adv. : sur le chemin
*obviam esse alicui* : s'opposer à

*occurro*, *is*, *ere*, *curri*, *cursum*, +D. courir au-devant de

*odium*, *ii*, n. : haine, aversion

*officium*, *ii*, n. : le devoir, le service rendu

*oliva*, *ae*, f. : l'olivier

*omitto*, *is*, *ere*, *misi*, *missum* : laisser aller, renoncer à

*omnis*, *e* : tout

*onus*, *eris*, n. : charge, fardeau

*opes*, *um*, f. pl. : les richesses, la puissance

*oportet*, *ere*, *uit* : il faut

*oppidum*, *i*, n. : place forte

*optimus*, *a*, *um* : très bon, excellent, parfait

*opus*, n. indéclinable : chose nécessaire, *opus est* : il est nécessaire de

*opus*, *operis*, n. : œuvre, ouvrage, travail

*ora*, *ae*, f. : bord ; (poét.) *luminis orae*, les rives de la lumière, le monde

*oraculum*, *i*, n. : oracle

*oratio*, *onis*, f. : parole, discours
*orationem habere* : tenir un discours

*orator*, *oris*, m. : l'orateur

*orbis*, *is* m. : cercle, disque

*orior/exorior*, *oriri*, *ortus sum* : se lever, naître

*ornatus*, *a*, *um* : orné

*oro*, *as*, *are*, *avi*, *atum* : parler, prier

*os*, *oris*, n. : la bouche, le visage

*ostendo*, *is*, *ere*, *tendi*, *tensum* : montrer

*otium, ii*, n. : repos loin des affaires ; inaction ; loisir studieux

## P

*pactum, i* n. : traité, pacte ; *pacto = modo*

*paene* : presque

*palam* : ouvertement, au grand jour

*pango, is, ere, panxi, pepegi, pactum* : composer des œuvres littéraires, écrire, louer, chanter

*par, paris* : égal, pareil

*parco, is, ere, peperci, parsum* : + D. épargner, préserver

*parentes, um*, m. : parents (parens, -ntis, m/f : père, mère)

*pareo, es, ere, ui, itum* : obéir + D.

*paries, etis*, m. : mur, muraille

*paro, as, are, avi, atum* : préparer, procurer, acquérir

*pars, partis*, f. : partie, part

*parvus, a, um* : petit

*passim*, adv. : de tous côtés

*patefacio, is, ere, feci, factum* : ouvrir, révéler, faire connaître

*pater, patris*, m. : le père (pl. Patres, um : les sénateurs)

*paterfamilias, patrisfamilias*, m. : le père de famille

*patienter*, adv. : patiemment

*patria, ae*, f. : la patrie

*pauci, ae, a* : peu nombreux, peu de

*pauper, pauperis* : pauvre

*pax, pacis*, f. : la paix

*peccatum, i* n. : faute ; péché

*pectus, oris* n. : poitrine, cœur

*pecunia, ae* f. : bien, richesse, argent

*pejor*, n. *pejus* : comparatif de malus

*pello, is, ere, pepuli, pulsum* : remuer, émouvoir ; chasser

*per* + acc : à travers, le long de ; durant

*pereo, is, ire, ii, itum* : périr

*perficio, is, ere, feci, fectum* : achever, accomplir, travailler, confectionner

*periculum, i*, n. : essai, danger

*perspicio, is, ere, spexi, spectum* : regarder (attentivement)

*persuasio, onis*, f. : persuasion, croyance

*pessimus, a, um* : superlatif de malus

*peto, is, ere, ivi / ii, itum* : chercher à atteindre, aller vers ; demander

*pietas, atis* f. : la piété

*placeo, es, ere, placui, placitum* + D. : plaire à

*plures, n. plura* : plus nombreux

*plurimi, ae, a* : très nombreux

*poeta, ae*, m. : le poète

*polliceor, eris, eri, itus sum* : promettre

*pono, is, ere, posui, positum* : placer

*populus, i*, m. : peuple

*possum, potes, posse, potui* + inf. : je peux

*post* + acc. : après, derrière

*postquam* + ind. : après que

*potestas, atis*, f. : pouvoir

*praeceptum, i*, n. : leçon, règle

*praecipio, is, ere, cepi, ceptum* : prendre le 1er conseiller, donner des leçons

*praeco, onis*, m. : héraut

*praesum, praees, praeesse, praefui* + dat. : je commande à, je préside à

*praeter* : prép. + acc. : le long de, devant, outre, excepté, sauf

*praetereo, is, ire, ii, itum* : passer au-delà, passer le long de, omettre

*pravus, a, um* : de travers, dépravé

*preces, um*, f. pl. : les prières

*premo, is, ere, pressi, pressum* : presser, serrer, accabler

*princeps, cipis*, adj. et subst. : qui occupe la 1re place, premier

*priusquam* + ind. : avant que + subj. : en attendant que

*pro* + abl. : devant, à la place de, pour, selon

*procul* : au loin

*proelium, ii*, n. : le combat

*proficio, is, ere feci, fectum* : avancer, faire des progrès

*profugus, a, um* : qui fuit

*promitto, is, ere, misi, missum* : promettre

*prope* : adv. près ; prép. + acc. : près de qc

*propinquus, a, um* : proche

*proprius, a, um* : propre, caractéristique

*propter* + acc. : à cause de

*propterea quod* + ind. : parce que

*prosperus, a, um* : heureux

*prosum, prodes, prodesse, profui* + dat. : je suis utile à

*provincia, ae* : la province

*proximus, a, um* : très proche

*prudens, prudentis* : prévoyant, sage, avisé

*prudenter* : avec sagesse

*publicus, a, um* : public

*puella, ae*, f. : la jeune fille

*puer, pueri* m. : l'enfant

*pugno, as, are, avi, atum* : combattre

*pulcher, chra, chrum* : beau

*pulchritudo, inis*, f. : la beauté

*puto, as, are, avi, atum* : penser

## Q

*qua*, adv. : par où ; par où ? par quel moyen ?

*quaero, is, ere, quaesivi, quaesitum* : chercher, demander (ab /ex + abl.)

*qualis, e* : - adj. interrog. quel ? de quelle qualité ? - adj. exclamatif : quel !

*quam* : interrog-exclamatif : combien, à quel point, comme ; *tam* ... *quam* : autant ... que ; avec comparatif / *magis quam* : plus ...que

*quamdiu ?* : combien de temps ?

*quamquam* + ind. : quoique

*quamvis* + adv., adj. + subj. : quelque ... que

*quando ?* : quand ?

*quantus, a, um* :- adj. interrog. : quel ? de quelle grandeur ? - adj. exclamatif : quel ! en quel état !

*quare ?* : pourquoi ?

*quasi*, adv. : pour ainsi dire, à peu près ; conj. : comme si, comme

*quemadmodum* : comment ?

*qui, quae, quod* : - pronom relatif : qui, que, quoi ; - adj. interrog. quel ? – adj. exclamatif : quel !

*quia* + ind. : parce que

*quicumque, quaecumque, quodcumque* : pr. quiconque ; adj. tout ... qui

*quidam, quaedam quodam* : un certain

*quidam, quaedam, quiddam* : quelqu'un, quelque chose

*quis, qua, quid ?* : pr. interrog. qui ?

*quisquam, quidquam / quicquam* : quelqu'un, quelque chose (emploi ds phrase négative)

*quisque, quaeque, quidque* : chacun, chaque chose

*quisque, quaeque, quodque* : chaque

*quisquis, quidquid / quicquid, quoquo* : quiconque, tout ... qui, quelque

*quo* : (interrog) où ? (abl. de quod) : à cause de cela ; comparatif / *eo ... quo* : d'autant que ; *quo* + comparatif : pour que

*quoad* + subj. : jusqu'à ce que

*quod* (acc. de relation) à cause de quoi, + subj. : en quoi, pour que

*quod*, conj. : parce que, en ce que, le fait que. + subj. sous prétexte que

*quomodo ?* : comment ?

*quoniam* + ind. : puisque

*quot ?* (indéclinable) : - adj. interrog. : combien nombreux ? combien ? – adj. exclamatif : combien nombreux ! combien de !

## R

*radix, icis*, f. : racine

*ramus*, i, m. : rameau, branche

*rapina, ae* f. : vol, pillage

*rapio, is, ere, rapui, raptum* : enlever, ravir, voler

*ratio, onis* f. : calcul, compte, intérêt, raison, avis

*recte*, adv. : droit (aussi fig.), justement, bien

*rectus, a, um* : droit, simple, juste

*reddo, is, ere, reddidi, redditum* : rendre

*redimo, is, ere, emi, emptum* : racheter

*refert* : il importe

*regio, onis*, f. : direction, ligne, région

*regno, as, are, avi, atum* : régner

*rego, is, ere, rexi, rectum* diriger

*religio, onis*, f. : scrupule, conscience, scrupule religieux, religion, piété

*relinquo, is, ere, reliqui, relictum* : laisser, abandonner

*reliquus, a, um* : qui reste

*remeo, are, avi, atum* : retourner, revenir

*reperio, is, ire, peri, pertum* : trouver, rencontrer, découvrir

*repeto, is, ere, ivi, ii, itum* : chercher à atteindre de nouveau

*reprehendo, is, ere, di, sum* : retenir, critiquer, blâmer

*res, rei* f. : chose, affaire, bien

*reverentia, ae*, f. : crainte, respect, déférence, révérence

*rideo, es, ere, risi, risum* : rire

*rogo, as, are, avi, atum* : demander

*Roma, ae*, f. : Rome

*Romanus, a, um* : romain

*rosa, ae* : la rose, le rosier

*rumor, oris*, m. : bruit, nouvelle

*rus, ruris*, n. : la campagne.

## S

*sacer, cra, crum* : sacré (aussi fig.)

*saeculum, i* n. : le siècle

*saepe* : souvent

*salus,-utis*, f. : salut (vie sauve, salutation)

*saluto, as, are, avi, atum* : saluer

*sapiens, ntis* m. : le sage

*sapientia, ae* f. : la sagesse

*sapio, is, ere, ii,-* : savoir

*satio, as, are, avi, atum* : rassasier, satisfaire ; lasser

*satis*, adv. : assez, suffisamment ; comp. *satius* : préférable

*scio, is, ire, scivi, scitum* : savoir

*scribo, is, ere, scripsi, scriptum* : écrire

*se* : lui, le (il)

*secundus, a, um* : qui suit ; second ; propice, favorable

*sedeo, es, ere, sessi, sessum* : être assis

*sedes, is* f. : siège, demeure, séjour

*semel*, une fois, une seule fois, une bonne fois

*semper* : toujours

*senex, senis*, m. : le vieillard

*sensus, us* : action de percevoir, sens, réflexion, intelligence.

*sentio, is, ire, ivi, itum* : sentir

*sepelio, is, ere ivi, sepultum* : ensevelir

*sequor, eris, sequi, secutus sum* : suivre

*sermo, onis*, m. : conversation, dialogue, manière de s'exprimer

*servio, is, ire, ivi, itum* : être esclave de + D.

*servus, i*, m. : l'esclave

*si*, conj. : si

*sic* : ainsi, de cette manière, oui

*sicut, sicuti* : comme

*sidus, eris*, n. : étoile

*signum, i* n : signe, image, statue

*simul atque / ac* + ind. : dès que

*simul* : en même temps

*simulacrum*, i, n. : ressemblance, image, statue

*sincerus, a, um* : pur, intact, naturel

*sine* + abl. : sans

*singularis, e* : unique, isolé, rare

*singuli, ae, a* : un par un

*sino, is, ere, sivi, situm* : permettre

*sitis, is*, f. : la soif

*sive* : ou si ; soit que

*socius, a, um* : allié, associé

*sol, solis*, m. : le soleil

*solacium, ii*, n. : la consolation

*soleo, es, ere, solitus sum* : avoir coutume

*solitudo, -inis*, f. : la solitude

*sollicito, as, are, avi, atum* : remuer, inquiéter

*sollicitudo, -inis*, f : souci, inquiétude

*solus, a, um* : seul

*solvo, is, ere, solvi, solutum* : délier, acquitter, résoudre

*somnus, i*, m. : le sommeil

*spero, as, are, avi, atum* : espérer

*statuo, is, ere, ui, utum* : établir, décider

*status, us*, m. : attitude, posture ; situation

*stella, ae*, f. : étoile

*strages, is* f. : ruines, massacre

*strenuus, a, um* : actif, vaillant

*studeo, es, ere, ui,-* : s'appliquer à, rechercher, désirer de ; s'intéresser à qn ; étudier

*stultus, a, um* : stupide

*suadeo, is, ere, suasi, suasum* : conseiller, engager à

*suaviter*, adv. : avec douceur

*subdolus, a, um* : rusé, fourbe

*sublevo, as, are, avi, atum* : soulever, soulager

*subter* : adv. au-dessous

*summus, a, um* : le plus haut, le plus élevé

*supersum, superes, superesse, superfui* + dat. : je survis à, je subsiste

*superus, a, um* : qui est au-dessus

*surgo, is, ere, surrexi, surrectum* : se lever, se mettre debout

*sustineo, es, ere, tinui, tentum* : soutenir, supporter, arrêter

*suus, a, um* : son, le sien, leur, le leur

## T

*taceo, es, ere, cui, citum* : (se) taire

*talis, e* : tel

*tam* : tant, autant, si, tellement

*tamdiu ... quamdiu* : aussi longtemps... que

*tamen* : pourtant

*tametsi* + ind. : bien que

*tango, ere, tetigi, tactum* : toucher

*tantum* : autant, à ce point ; seulement ; *tantum ... quantum* : autant que

*tantum*, adv. : seulement

*tantus, a, um* : de cette grandeur, si grand

*tellus, uris*, f. : la terre, le globe terrestre ; *Tellus* : la déesse Terre

*temperatio, onis* f. : action de tempérer, de régler

*templum, i* n. : le temple

*tempus, -oris*, n. : temps, époque, moment, circonstance

*terra, ae*, f. : la terre

*tessera, ae*, f. : dé à jouer

*timeo, es, ere, ui, -* : craindre

*timor, oris*, m. : la crainte

*tollo, is, ere, sustuli, sublatum* : lever, soulever, élever

*tot* : autant de, si nombreux

*toties ... quoties* : autant de fois ... que

*totus, a, um* : tout entier

*transeo, is, ire, ii, itum* : traverser

*tres, tria* : trois

*tu* : tu, toi tu

*tueor, eri, tuitus sum* : regarder, veiller sur, protéger

*tum* : alors

*turma, ae*, f. : escadron

*tutus, a, um* : bien gardé, sûr

*tuus, a, um* : ton, le tien

## U

*ubi* : (relatif) : où ; (interrog.) où ? ; (conj.) + ind. : quand ; *ubi primum* + ind. : dès que

*ullus, a, um* : quelque, quelqu'un

*ultimus, a, um* : le plus éloigné, le dernier

*unda, ae* f. : flot, vague

*unde* : (relatif, interrog), d'où, d'où ?

*unquam* : ne ... jamais (après mot négatif)

*unus, a, um* : un, un seul

*urbs, urbis* f. : la ville

*usque*, adv. : sans interruption

*usus, us*, m. : usage, utilité, expérience

*ut* : adv. : comme ; conj. + ind. : quand, *ut primum* : dès que ; + subj. : que, pourvu que, afin que, pour que, de telle sorte que

*ut libet* : comme il plaît, à son gré

*uter, utra, utrum* : pr. relatif : celui des deux qui ; pr interrog. lequel des deux ? ; pr. indéf. l'un des deux

*utilis, e* : utile

*utinam* : fasse le ciel que

*utrum ?* : laquelle des deux choses ? *utrum ... an ?* est-ce que ... ou ?

*uxor, oris*, f. : l'épouse

## V

*vaco, as, are, avi, atum* : être désert, inoccupé ; manquer de + abl. ; vaquer à + abl./ D.

*valde* : fort, beaucoup

*valeo, es, ere, ui, itum* : être fort, se porter bien

*vel ...vel* : ou ... ou

*velut* : comme

*venio, is, ire, veni, ventum* : venir

*venter, tris*, m. : le ventre

*Venus, Veneris* : Vénus

*venustas, atis*, f. : beauté

*verba facere* : parler

*verbum, i* n. : mot, parole

*vero* : à coup sûr, oui, de fait

*versus, us*, m. : sillon, ligne, vers

*verum* : mais

*verus, a, um* : vrai, réel

*vester, tra, trum* : votre, le vôtre

*vestigium, ii*, n. : trace du pied, pas, vestige

*vestitus, us*, m. : vêtement, habillement

*vetus, veteris* : vieux

*vicinus, a, um* : voisin

*vicis* f. G. : pas de N. : tour, succession, alternative ; destinée

*victor, oris*, m. : vainqueur

*victoria, ae*, f. : la victoire

*video, es, ere, vidi, visum* : voir

*vidua, ae*, f. : veuve

*villa, ae*, f. : la ferme

*vinco, is, ere, vici, victum* : vaincre

*vir, viri* m. : l'homme

*virtus, -utis*, f. : le courage, la vertu

*vis*, f. : la force, la violence

*vita, ae*, f. : la vie

*vitium, ii*, n. : le vice

*vivo, is, ere, vixi, victum* : vivre

*vix* : à peine, difficilement

*voco, as, are, avi, atum* : appeler

*volo, vis, velle, volui,-* : vouloir

*votum, i*, n. : vœu, promesse faite aux dieux

*vox, vocis*, f. : la voix

*vulnero, as, are, avi, atum* : blesser

Achevé d'imprimer en avril 2014 par Normandie Roto Impression s.a.s., 61250 Lonrai
N° d'impression : 1401367 — Dépôt légal : avril 2014 — *Imprimé en France*